Interactive Learning by Thiagi

ゲームと対話で学ぼう

吉川肇子・
Sivasailam
Thiagarajan

Thiagi
メソッド

ナカニシヤ出版

まえがき

本書では，"Thiagi"（Sivasailam Thiagarajan）氏による教育的な手法を紹介する。彼は Thiagi（ティアギ）という愛称で呼ばれ，世界各地でゲームを用いたワークショップを行っているファシリテータであり，またゲームデザイナーである（本書でも以下，敬称を略して，Thiagi と呼ぶ）。彼の主な教育対象は成人であり，一般人対象のワークショップや企業研修を多く手がけているが，彼の技法はあらゆる教育場面で活用可能である。つまり，学校の授業でも活用できる技法がたくさんある。本書では「ワークショップ」という用語を主として使うが，これを「授業」や「講義」に読み替えて読んでいただいて差し支えない。

彼のワークショップで使われるゲームは，ほぼすべて彼がデザインしたものである。数も膨大である。かつて彼が「毎日1つはゲームを作っている」と語ったことがあったが，それもあながち嘘ではないだろう。これらの手法はすべて出版されたりオンライン上で公開されていたりするので，誰にでも利用可能なのだが，数が多いだけに，どれをどの場面で使えるのかがわかりにくくなっているとも言える。

そこで，本書では，訳者である筆者（吉川）が大学の講義や市民対象のワークショップで使えると考えているものを優先的に選んで紹介することにした。また，彼の著作やサイトでは，日本の読者は必ずしも想定されていないので，日本人向けの応用についても彼の丁解を得て，筆者が追加の説明を加えることにした。

本書が想定する読者は，ワークショップのような参加的な手法（教授法）をやりなれた方だけではなく，むしろ，そういう手法を導入したいが手がかりがないという経験の少ない方を想定している。したがって，経験がある読者にとっては，多少冗長に思える記述があるかもしれないが，その点はお許しいただきたいと考えている。

Thiagi の考え方や手法は，挑戦的でもある。それは，彼自身が書いた章をお

読みいただければわかると思う。さらに本書では，彼が別のところで書いたものや話したことのうち，それがよくわかるところも，できるだけ紹介するようにしている。さらに実際に使ってみられれば，この感じはより明瞭につかんでいただけるのではないかと考えている。

なお，Thiagi も日本からのフィードバックを楽しみにしているということなので，実施された方は，直接彼のサイトからフィードバックするか，著者の1人である吉川に連絡をいただければ幸いである。

出版にあたりナカニシヤ出版の宍倉由高編集長，山本あかねさんには大変お世話になった。特に山本さんには，担当編集者として通常の原稿だけでなく，イラストや構成など楽しく読めるような工夫を細かくお願いしたのだが，快く引き受けてくださった。改めて感謝申し上げる。

本書は以下の助成を得て行われた。記して感謝申し上げる。

平成 28 年度慶應義塾派遣留学（フォアアールベルク応用科学大学・オーストリア）

科学研究費補助金　基盤（c）　「格差と序列による対立と葛藤の生成プロセスとその解決に関するゲーミング研究」（平成 27 年度～平成 29 年度）　研究代表者：杉浦淳吉

【 ダウンロード資料　ご希望の方へ 】

　本書に掲載した教材の一部は，ダウンロード資料を提供しています（本文参照）。ご希望の方は，manual@nakanishiya.co.jp まで，ご氏名，ご所属および本書の書名（『ゲームと対話で学ぼう』）を明記のうえ，メールにてご連絡ください。

目　次

まえがき　*i*

第 1 部　理論編

第 1 章　Thiagi の手法 ……………………………………… 2

第 1 節　Thiagi の手法の特徴　2
第 2 節　本書で使われる用語　5
第 3 節　本書で用いられる用具の紹介　6

第 2 章　基本原則（Thiagi による解説）………………………… 7

第 1 節　コンテンツはいくらでも手に入る　7
第 2 節　コンテンツを教育ゲームに組み込む　9
第 3 節　コンテンツと同じようにコンテクスト（背景）も大事にする
　　　　10
第 4 節　すべての教育訓練は態度変化を含んでいる　11
第 5 節　教育訓練しながらゲームをデザインする　12
第 6 節　学習者という役割を変える　13
第 7 節　教育訓練ゲームを改良し続ける　15
第 8 節　自分自身をプレゼンする人からファシリテータに変えていこ
　　　　う　15
第 9 節　教育訓練セッションの最後に結論をまとめない　16

第 3 章　体験的に学習することの意義 ……………………… 18

第 1 節　体験学習の段階　18
第 2 節　ゲーミング・シミュレーションとはどのようなものか　20
第 3 節　楽しく学ぶことの意味　22

iv 目 次

第2部 フレームゲーム

第1章 フレームゲームとは何か ································· 26

第2章 フレームゲームの紹介 ································· 30

ハロー（Hello） 30
即興調査（Sudden Survey） 34
35（Thirty-Five） 36

第3部 対話的学習法

第1章 対話的学習法とは何か ································· 42

第2章 対話的学習法の紹介 ································· 48

選ばれた質問（Selected Questions） 48
簡単マニュアルラーニング（Open Book） 52
誰が言ったの？（Who Said That？） 56
なぜなのか？（Why） 60
簡単ディベート（Both Sides） 62
エッセンス（Essence） 66
ごちゃ混ぜ文（Mixed-up Sentences） 70
5番目の文は？（Fifth Sentence） 72
復習ルーレット（Review Roulette） 74
ことばと絵（Words and Pictures） 78
3で切り取る「時の風景」（Timescapes in Threes） 82
友達への葉書（Postcard to a Friend） 84

第4部　ゲーム

第1章　ゲームとは何か ･･････････････････････････････････････ 88

第2章　ゲーム ･･･ 94

　　自己紹介（Intro）　　94
　　一番良い写真（Best Picture）　　96
　　1000円オークション（$10 Auction）　　98
　　エクストリーム三目並べ（Audio Tic-Tac-Toe）　　100
　　先週のできごと（Last Week）　　102
　　性格診断（Personality Profile）　　104
　　会話（Conversations）　　106
　　リストラ（Downsize）　　110
　　自由時間（Free Time）　　114
　　メンバー交換（Switch）　　118
　　心遣い（Apprehensive Encounters）　　122

第3章　アイスブレークやディブリーフィングに使える手法 ･･･････ 124

　　修了証（Certificates and Advice）　　124
　　アイディア倍増（One Will Get You Ten）　　128
　　封筒（Envelopes）　　130
　　「やっている」と「やっていない」（Always and Never）　　132
　　「誰」が「なぜ」（Who and Why）　　134
　　3人組（Triads）　　138
　　ムードチェック（Mood Check）　　140
　　人間リッカート法（Live Likert）　　142
　　人間すくい（Group Scoop）　　144

第 5 部　Jolt

第 1 章　Jolt とは何か ··· 148
第 2 章　Jolt の紹介 ··· 152
一斉拍手（Synchronized Clapping）　152
ダブレット（Doublets）　154
トリプレット（Triplets）　156
順番に言って！（Say It in Sequence）　158
おもしろい思い出（Your Funny Life）　160
同類（Birds of a Feather）　164

あとがき　167

第1部　理論編

第1章
Thiagi の手法

■ 第1節　Thiagi の手法の特徴

　Thiagi の手法の特徴は，"Playful に学ぶ"ということに尽きる。Playful を日本語に訳すことは難しいが，楽しく学ぶことだと理解していただいて差し支えない。この楽しさは，学習に熱中することにつながっている。彼のワークショップに一度でも参加するとわかるが，ゲームやパズルを自在に使って，参加者をのめり込ませる彼自身のファシリテータ（進行役）としての技量にはすばらしいものがある。

　しかし，筆者が最も強調したいのは，彼がデザインした手法を使えば，誰でも彼と同じように楽しい学習の場を作ることができるところである。主に使われるのはゲームである。ここでゲームと言っているのは，ある程度ルールがあって進行するもので，多くは参加者同士の競争を含むものを指している。

　Thiagi の手法で使われるゲームの特徴として，2つの点が挙げられる。

　1つは，ルールが簡易であるということである。したがって，ゲームを教育やワークショップの場で使ったことがない人であっても，比較的容易に導入することができる。彼のファシリテータとしての技量のすばらしさは既に述べたが，彼のゲームは，特段のファシリテータとしての能力や経験がなくても，誰でも同じようにワークショップを行うことができるようになっている。また，参加者の側から見ても，簡易なルールであることは，ゲームや参加的な手法に不慣れでも，進行が理解しやすくなることにつながっている。

　彼のゲームの特徴の2点目は，それほど多くの小道具を必要としないことである。使われるゲームの多くは紙と鉛筆のみか，あるいはトランプなどの入手

図 1-1-1　学習の流れ

しやすい小道具を使ったものがほとんどである。

　本書で紹介する手法は3つである。すなわち，ゲーム，対話的学習法 (interactive learning method)，Jolt（ジョルト）と呼ばれる短いエクササイズである。対話的学習法においても，ゲームほどではないが，緩やかなルールのもとで参加者が競う場面が作られており，広義にはゲームに含まれていると考えて良い。Jolt の中にもゲームが含まれている場合がある。

　いずれの手法も図1-1-1に示すような手順を踏む。この1つのまとまりを「ワークショップ」と呼ぶこともあれば，複数のものを，時には数日にわたって行うことを「ワークショップ」ということもある。

　進行することをファシリテーション，進行役をファシリテータと呼ぶ。以下に述べる対話的手法の場合には，講義を行う人（たとえば教員）自身がファシリテータを兼ねることもある。トレーナーと呼ぶ場合もある。最初に何をするかの解説やルールの説明を，ブリーフィング（briefing）という。これに対して，行った実習（ゲームなど）について，振り返って考えることをディブリーフィング（debriefing）という。

　また，図1-1-1には示していないが，ブリーフィングの前に，参加者がお互いに知り合ったり，エクササイズにスムーズに参加したりできるようにするために，アイスブレーク（icebreak）と呼ばれるエクササイズをすることもある。アイスブレークとは，直訳すると「氷を溶かす」という意味であるが，参加者の緊張をほぐして，参加しやすい雰囲気を作るために実施される。たとえば，自己紹介や，簡単なミニゲームなどが挙げられる。後に紹介する Jolt を，アイスブレークに使うこともできる。

以下にそれぞれの3つの手法について，短く紹介しておく。まず，ゲームには，フレームゲーム（Framegame）と呼ばれる，基本的なルールは同一で，内容を入れ換えれば多様な場面に使えるもの（第2部）と，ゲームのルールに意味があるもの（第4部）とがある。さらに，ルールに意味のあるゲームのうち，そこで取り扱う内容（テーマ）自体がルールと密接に関連しているもの（第4部第2章）と，ルールが必ずしも内容に直結していないもの（第4部第3章）とに分けてある。

対話的学習法は，教授内容（コンテンツ）さえ用意すれば，参加者が能動的に学習できるものである。Thiagiの手法は，ゲームも含めてどれも対話的学習手法といえるものだが，ここで紹介するのは，おもに講義や講演，テキスト，映像資料などの学習するコンテンツがあって，それを他者と関わりながら学習する方法である。なお，もともとThiagiは「interactive lecture」（対話的講義）という用語を使っており，それは，「対話」と一方向的な「講義」という2つの矛盾するような語の意外な組み合わせの効果を狙っていると思われる。そのために彼は，わざわざ「Interactive lectureは撞着語法（oxymoron）ではない」と主張している。ただ，日本語で講義というと後に紹介するようなテキストや映像のようなものを含むとはわかりにくいと考えたので，本書では対話的学習法と訳して紹介する。

Joltは，ちょっとしたトリックや簡単なパズルを使って，短い時間でポイントを学習できるようにしたものである。なお本書では，一度実施してしまうとトリックが明らかになって二度と使えないようなものはできるだけ紹介しない方針とした。

それぞれの手法の内容については，各部の冒頭で簡単に紹介してあるので，それを参照されたい。ただし，本書での分類は便宜的なもので，紹介した手法が別の分類のものとして使われることもある。たとえば，Joltを少し応用的に使ったり，対話的手法の内容を工夫したりすることで，ゲームとして使うこともできる。本書でも，「ダブレット」というパズルを「リストラ」というゲームで使う例を第4部第2章で紹介している。Thiagi自身が，同じ手法を別の範疇のものとして紹介している場合もある。分類にこだわらず，むしろThiagiの手法の応用可能性の高さを示す証拠の1つと考えていただければ良いと思う。

■ 第2節　本書で使われる用語

　本書でしばしば使われる用語について，ここで一覧にしておく（表 1-1-1）。その方が Thiagi 自身による解説（第2章）を読むのに理解しやすいと考えるからである。その理論的な背景については，第3章で解説する。

　日本語に置き換えられるものは置き換えたが，ファシリテータやワークショップなどは，既によく使われていると判断したのであえて日本語には訳さなかった。また，「コンテンツ」については，「内容」と置き換えると一般の名詞と混同しやすいと考えて，カタカナのままとした。本書で紹介するアクティビティは，基本的には「エクササイズ」に統一したが，場合により，実習やアクティビティの語を使っていることがある。

　次章では，Thiagi 自身が手法の紹介を行っている。基本的に企業研修のような成人を対象としたワークショップでのトレーナー（ファシリテータ）を前提として書かれているが，教育場面に活用しようとする読者の場合であれば，トレーナーを教育者と置き換えて読み進めていただければ，問題なく読めると考えている。

　それぞれのエクササイズの紹介の仕方だが，原則として Thiagi による手続きを翻訳し，彼が説明のために使っている事例もできるだけそのまま使うよう

表 1-1-1　本書における訳語と類語

訳語	英語	意味，代替用語
ファシリテーション	Facilitation	進行
ファシリテータ	Facilitator	進行役，トレーナー
ディブリーフィング	Debriefing	振り返り
コンテンツ	Contents	（教育）内容，（講義）内容
ワークショップ	Workshop	ワークショップ
アイスブレーク	Icebreak（ing）	アイスブレーキング
エクササイズ	Activities, Exercise（s）	アクティビティ，実習
セッション	Session	セッション
ブリーフィング	Briefing	ゲームの説明

にした。ただし，初めて使う日本人の読者にはわかりにくいと思われる部分については，彼の許可を得て，事例を書き換えたり，説明を追加したりしている。もともとバリエーションとして例示されているものについては，「バリエーション」として記載してある。他方，筆者（吉川）が日本人を対象者として実施する際の注意点やバリエーションについては，「注記」のところにまとめた。

また，基本的に準備や実施時間，対象者数は必ず記述したが，それぞれのディブリーフィングについては，必ずしも記載していない。読者が自由に実施して構わないという意味である。他方，ディブリーフィングが重要であるものについては，その際の発問も含めて，詳細に記載してある。

■ 第3節　本書で用いられる用具の紹介

本書で紹介するエクササイズは，基本的に特殊なものを要求していない。それは，Thiagi の手法の大きな特徴の1つでもある。たとえば，トランプ，インデックスカード（日本であれば，京大式カード（B6）程度の大きさ，または場合によっては A6 程度でも十分），模造紙（海外ではフリップチャートが使われることが多い）などである。

進行管理のため，ファシリテータに必要なものとして，タイマーとホイッスルはしばしば出てくる。ホイッスルとは，写真 1-1-1 のような木製のものである（汽笛のような音がするのでトレイン・ホイッスルという）。同じものが用意できなくても，音の出るもので参加者に時間の区切りがわかるようなもので代替して構わない。ただし，音が刺激的でないものが望ましく，かつ，ある程度会場が広くても参加者に聞こえる必要がある。フィンガーシンバル（写真 1-1-2）は代用品の1例である。

写真 1-1-1　ホイッスル（向かって左側が吹き口）

写真 1-1-2　フィンガーシンバル

第2章

基本原則（Thiagi による解説）

　この本には，教育ゲームやエクササイズを実施する際の具体的なやり方が書いてある。皆さんがそれらを読んで使う前に，ここにあるゲームのデザインの背後にある基本的な原則について説明しておきたい。

　私とその翻訳者（吉川）は，教育ゲームは，参加者を楽しくさせるためだけに使ってはならないと考えている。ゲームは，新しいスキルや知識，態度を学ぶ時に，効果を上げるために使われるべきである。

　効果的な教育訓練の基本原則は，教育内容（コンテンツ）と活動との間にバランスが取れていることである。トレーナー（教授者）としてのわれわれ2人の著者は，ゲームやエクササイズの紹介に力点を置いている。その理由は，教えるべきコンテンツで質の良いものは，たやすく手に入るからである。学習者に質のよいコンテンツを与えたからといって，それが効果的な学習につながるわけではない。心理学的な研究は，学習は能動的な（active，アクティブ）ものでなくてはならないことを明らかにしている。効果的な学習の鍵となるのは，学習者が，学習内容，指導者および他の学習者と，能動的に関わって学ぶことができるようにすることである。

　以下では，教育内容とゲームおよびエクササイズをうまく組み合わせる基本原則について述べていく。（訳注：以下，1つの原則を1つの節とした。すなわち，全部で9つの原則がある。）

■ 第1節　コンテンツはいくらでも手に入る ──────

　現代においては，教えようとするコンテンツは，いくらでも手に入る。ある

1つのトピックについて，インターネットを検索すれば，何百万というそれに関連した情報を見つけることができるだろう。

　トレーナーの中には，1からコンテンツを作ることに多くの時間をかける人も多い。そんなことは時間の無駄であり，二度手間でもある。そんなことをするよりも，トレーナーは，今あるコンテンツを活用して教育ゲームやエクササイズを作ることに，時間やエネルギー，能力を使うべきである。

　次に述べる3種類のコンテンツの分類を考えてみると，コンテンツはたくさんあるということがはっきりするだろう。

　「**指導用コンテンツ**」とは，教育訓練のために作成されたものである。これには，訓練マニュアル，ファシリテータ用ガイド，自習用教材，ワークブックなどが含まれる。

　「**まとまりのあるコンテンツ**」とは，読むためにまとめられたものである。この中には，一般によく読まれている本もあれば，特定の読者に特化した本も含まれる。

　「**まとまりのないコンテンツ**」とは，消費者の苦情集のように，手を加えていない情報の断片集のようなものがある。

　トレーナーの中には，今あるコンテンツは自分のやりたい教育訓練には合わないという人がいる。たとえ全体のコンテンツの1%しか有用でなくても，参加者に忙しい思いをさせるには十分な量があるといえる。私が提案したいのは，今あるコンテンツ（著作権には十分注意を払わなくてはならないが）をいろいろ集めて，学習者がそのコンテンツと能動的に関わらなければならないような状況を作り，結果としてそれが学習につながるように，ゲームやエクササイズをデザインすることである。

　教育訓練ゲームをデザインする人の中には，自分のコンテンツはある目的に特化しているものだからとか，全く新しいものなのだから，他では手に入らないと言う人もいる。ならば私はこう言おう。原案になるような素材や技術仕様書のようなものが，普通はあるのではないですかと。どういう文書もなくて，本当に少数の人しか専門知識を持っていないような極端な場合であっても，彼らの脳の中にあるコンテンツにはアクセス可能なはずである。このような場合には，その領域の専門家にインタビューをして，結果をビデオや録音にとって

おけば，すぐにコンテンツを作ることができるのである。

　学習者には一次資料のコンテンツを使いこなせないという主張は，教育訓練のデザイナー以外の人は無能だという思い込みから生まれているのである。

　インストラクショナルデザイン（教育設計）の過程について，私がいつも気にしているあることがある。デザイナーはコンテンツを見て分析し，きちんとまとまった形にまとめてしまう。結果として，学習者はそのしおれたようなコンテンツに退屈してしまうのである。私はどうであるかというと，このやり方とは対照的に，参加者自身が，一部，または全然まとまっていないコンテンツを検討して，自分たち自身にとって意味のあるものにまとめ直すことを求めるエクササイズを使っている。このダイナミックな過程を経ることで，深い理解，熟達，記憶，そしてコンテンツの活用ができるようになるのである。

■ 第2節　コンテンツを教育ゲームに組み込む

　教育用コンテンツはいろいろな形で存在している。本，ニュースの記事，マニュアル，チェックリスト，ビデオや録音，Webページ，インターネットなどのように記録された形になっているものもある。ライブの場合もある。専門家の講演，専門家の報告，顧客のインタビュー，先生の実演，一緒に参加している参加者との会話などがその例である。

　トレーナーに責任があるのは，適切なコンテンツにうまく合うような教育ゲームやエクササイズをデザインして，そのコンテンツに学習者がかかわりつづけるように仕向けるところにある。次に，異なるコンテンツをあわせたゲームの例をいくつか紹介しよう。

　テキストラ・ゲーム（Textra Games）：コンテンツが本，マニュアル，記事，あるいは何らかの書かれたものであるならば，これをテキストラ・ゲームとして使うことができる。このタイプのゲームでは，参加者は，コンテンツを読んで，お互いに助け合ったり，競争したりするうちに，コンテンツを覚えたり，それを他者に伝えたりする活動を行う。

　合成写真（Double Exposure）：コンテンツが教育用のビデオの中にあるなら，これを「合成写真」ゲームにすることができる。いくつかバリエーションがあ

るうちの1つの例を挙げよう。多様性（ダイバーシティ）訓練のゲームに使う場合では，参加者は異なる文化を割り当てられ，それぞれの文化の特徴について，グループごとに別々に説明を受ける。その後，割り当てられた文化の視点からビデオドラマを視聴する。視聴後，異なる文化を割り当てられた参加者同士でグループを作って，自分が割り当てられた文化の特徴を示すどんなものがビデオの中にあったかを話し合うのである。

　応用活動（Application Activity）：このタイプの学習ゲームは，チェックリストからコンテンツを作るものである。具体的なゲームの例で説明しよう。参加者は，新しい製品について，投資利益率（Return on Investment, ROI）を計算するためにはどうするか，段階的に指示したチェックリストを渡される。参加者のグループは，このチェックリストを使って情報を分析し，どのグループが一番早く正しい計算をできたかを競う。

　対話的講義（Interactive Lectures）：このタイプのゲームは，専門家の講義を組み入れたものである。たとえば，専門家は新製品のよい点についてプレゼンを行う。参加者はグループになって自分が作った講義のメモを共有し，3つの自由に答える質問（「開いた質問」）を作成する。自分たちが作った質問について，他のグループの答を聞き，どのグループの答がよいかを判定する。

　お知恵拝借ゲーム（Brain Pick Game）：このタイプのゲームは，専門的な知識を持った人とのインタビューを組み入れたものである。プレゼン能力についてのゲームの例を挙げよう。参加者はグループになって，プレゼンの上手な専門家数人に対して，1人ずつインタビューを行う。その後参加者はそれぞれの専門家の言ったことをもとにして，効果的なプレゼンをするための実践的なガイドラインのリストを作る。最後に，全部のグループが作ったリストを全体で共有して議論する。

■ 第3節　コンテンツと同じようにコンテクスト（背景）も大事にする

　教育訓練の場で起こっていることは，学習者の職場（訳注：学生ならば学校や社会。以下同じ）で起こることを反映していなければならない。教育訓練

は，できる限り実地（OJT: on-the-job training）に近いものでなければならない。実地に近いやり方にすると，学習者は新しく学んだ技能や知識，あるいは態度を，自分の仕事に簡単に応用しやすくなる。

教育訓練をデザインし，実施する際には，そのコンテンツを応用する職場（学生ならば学校や社会）を取り巻く背景（context）にも注目しなければならない。訓練に含まれる例や課題，シナリオは「本物」を取り入れてなくてはならない。

「本物」の教育訓練を作るためのヒントを以下にいくつか挙げておこう。

①プロが，実際の仕事でどうやっているかを反映した課題をエクササイズの中に含める。

②仕事に関係した問題について考えて，解決するよう，参加者に求める。ここで考えさせる問題は，単に段階を踏んでやれば解決できるようなものにはしないことが大事である。

③参加者に，課題を複数の異なる視点から考えるような機会を与える。参加者が1つの理論やモデルをもとにして考えるのではなく，多様な視点がとれるように働きかける。

④参加者がお互いにできるだけ協働するようにしむける。そうすれば，職場（学生ならば学校や社会）においても，チームワークで仕事ができるようになる。

⑤学習活動と評価を結びつける。ペーパーテストをするかわりに，本物の仕事を反映したシナリオやシミュレーションを行う。

⑥学習者が自分の技能や知識を応用するだけではなく，態度や価値，信念も応用して使えるようにさせる。訓練によって得た有用な好ましい価値観を，実際の仕事に転用できるように，参加者を動機づける。

■ 第4節　すべての教育訓練は態度変化を含んでいる ————

トレーナーは，訓練の成果を3つの側面から考える。すなわち，技能，知識，態度。多くの教育訓練が技能と知識が結びついたものであるということを示すのはそれほど難しくない。たとえば，代数方程式を解くことを教える場合ならば，学習者は，最終的に方程式とはどういうものかという知識，式の左にある

変数と右にある定数を使って式を書き換える技能を持たなくてはならない。同じように，顧客を満足させるにはどうするかを教えようとする場合には，学習者は，顧客の期待についての知識と，その期待をはっきりさせた上でそれを超えようとする技能を持たなくてはならない。

トレーナーは，しばしば教育訓練の目的のうちの3つめの要素を見落としがちである。すなわち，学習者の態度変化である。学習者の新しい知識と技能に対する態度が肯定的なものに変わるようにすることは，トレーナーの責任である。ここで，先に挙げた代数と顧客満足の例を使って，感情を引きおこすような目標を挙げよう。

①学習者が方程式を見てワクワクしたり，解く前には未知だった数値を発見してうれしくなるようにしたりしなくてはならない。

②学習者は自分が顧客に満足を与えられる自分の能力を，高く評価していなくてはならないし，それが組織の発展に影響を与えていることがわかっていなくてはならない。

態度変化をもたらすような目標を達成する一番良い方法は，教育訓練の中に，のめり込めるような活動を入れることである。その活動には，学習すべき能力や知識に関係がある態度や考え方，および価値についても，明らかにしたり，議論したりすることを含めておかねばならない。

■ 第5節　教育訓練しながらゲームをデザインする ————

体系的に教育ゲームをデザインする方法を使うならば，段階を踏んだやり方をすることになるだろう。すなわち，(1) 教育目標をはっきりさせる。(2) コンテンツを決める。(3) 参加者の特性を明らかにする。(4) ゲームのルールを決める。(5) プロトタイプを作る。(6) 試しにプレイしてみる。(7) テストプレイの結果にもとづいて改良する。(8) 最終版を作る。こうして段階的に作るやり方は，効果的な教育訓練を作る1つのやり方ではある。しかし，それが参加者がのめり込めるような活動になっているとは限らない。

このような体系的なやり方ではなく，子どもがゲームを作るのを見たらどうだろうか。彼らは，遊んでいる最中にゲームを作っている。この楽しいやり方

をまねしてみたらどうだろうか？　ゲームについての漠然としたアイディアから始めよう。学習者になる人たちを集めて，その人たちにゲームをやってもらおう。トレーナーはプレーヤの一歩先を行き，次にやることを決める。決めたらそれをゲームの流れの中に加える。そうしながら，プレーヤがゲームにどの程度熱中しているか，ゲームからどの程度学んでいるのかを観察しよう。何かうまくいかないことがあっても，パニックを起こす必要はない。**結局それはゲームにすぎないのだから**。うまくいかなかったところのルールを変えて，別のことを試してみよう。プレーヤに「次は何をしたらいい？」と，聞いてごらんなさい。プレーヤの提案を聞いて，そのアイディアをまとめ，ルールに加えるようにすればよい。

　アイディアがゼロの状態でゲームのデザインを始めなさいと言っているのではない。たくさんのアイディアを持った上で始めるのである。すなわち，学習コンテンツのアイディア，学習目標の複数のバリエーション，ゲームっぽい要素をいくつか。こうした多岐にわたるアイディアを意識的，無意識的に心に留めておくようにしよう。この楽しいやり方によって，ゲームに必要な条件を分析し，原案をまとめ，ゲームをテストプレイし，フィードバックを得て，最後に改良する，ということを同時にするのである。自分の直感を信じて，学ばせたいテーマとゲームシステムについての自分の知識に，自信を持ってほしい。ゲームをプレイしながら，デザインしよう。

■ 第6節　学習者という役割を変える ────────────

　伝統的には，学習者というのは，受け身の役割を果たすことが求められてきた。すなわち，トレーナー（先生）の話をよく聞いて，それを正しいものとして全部受け入れ，たくさんメモをとる，というようなことである。学習者がこういう姿勢を求められるのは，特にアジアで顕著である。しかし，われわれの教育訓練のやり方では，学習者という役割を変えて，学習者同士，またトレーナーと交流するようにしむけ，さらには教育コンテンツにも積極的に関わるようにすることで，学習の質を上げている。

　学習者の役割を変えるのに使える教育訓練ゲームの方法を，以下にいくつか

紹介しよう。

学習者が先生になる：自分が学んだことを他者に伝えるのは，学習したことを確かなものにする効果的な方法である。*Each Teach* という訓練ゲームでは，トレーナーは参加者のグループに，別々の話題について教える。その後参加者は，他のグループのメンバーとペアになり，お互いに学んだことを相手に教える。

学習者がコーチになる：参加者の中には，人より早く新しい技能や知識を学ぶ人もいる。他の参加者が学習している間彼らを待たせるよりも，トレーナーを補助する役割を担ってもらうことにしよう。このゲームは，*You're a Coach*（あなたはコーチ）という名前である。このゲームでは，学習が早い参加者それぞれに，遅れている参加者を割り当てて個人指導をしてもらい，その人の学習の進捗に責任を持ってもらうようにする。

学習者を試験官にする：*Split Test* というゲームでは，参加者にテスト問題を渡す。半分の参加者にはテスト問題のうち，奇数番号の問題の正解を渡す。もう半分の参加者には，偶数番号の問題の正解を渡す。両方のグループのメンバーがペアを作り，自分が持っている正解の問題を相手に問うという試験官役をやってもらう。

学習者がコンテンツを作る：*Best Ideas* というゲームでは，トピックのリストを用意する。その上で，参加者たちに，自分の経験や専門家とのインタビュー，あるいは推薦図書を読んだことをもとにして，有益なアイディアを考えさせる。その後，ここで出てきたアイディアを，グループでまとめ，重要なアイディアを要約させる。

学習者が問題を作る：*Team Quiz* というゲームでは，参加者にこれまで学んだことについて，クイズを作らせる。学習者が作ったこれらのクイズを使って，クイズコンテストを行ったり，ボードゲームを作ったり，カードゲームを作ったりすることができる。

以上のようにいろいろなやり方を使って学習者の役割を変えることで，彼らを教育訓練ゲームの共作者にすることができる。このようなゲームは，参加者を学習プロセスに引き込み，学習の質を上げるのである。

第2章　基本原則（Thiagiによる解説）　15

■ 第7節　教育訓練ゲームを改良し続ける

　教育訓練ゲームのデザインには終わりがない。ゲームをするたびごとに新しい参加者と出会うから，ゲームを改良する良い機会が得られる。ゲームを使った教育訓練を終えたら，その時の参加者の要望や好みに応じてゲームの流れをとっさに変えた点を思い出そう。参加者の反応，答，コメントなどを通して得られたフィードバックについて思い返してみよう。参加者自らが行ったルール変更を思い出して，ルールのバージョンアップをしよう。特に，参加者が進行を邪魔するような振る舞いをしたのはどういう時だったか思い出してみよう。こういうできごとは，ゲームを改良する上で有用な手がかりを与えてくれるので，大事な贈り物といえるのである。

　ゲームの中身を変えたり改良したりするのをやめるのはどんな時だろうか？答は簡単で，「そんな時は来ない」である。自分のゲームが完璧なバージョンであると思っていても，外的な要因のために変更せざるを得ないこともある。たとえば，参加者層の変化，市場のシェアの変化，新しい技術の開発，競合他社の製品の登場などによって，教育訓練のコンテンツやルールを変更する必要が出てくることがあるかもしれない。

　教育訓練ゲームをデザインすることは，トレーナーとしてのあなたの責任のたった1つにすぎない。ゲームをやり続け，内容を更新し，改良をし続けていく責任もあるのである。これをするために十分な時間をとって，使える資源を確保しておくことは，価値ある投資だと後にわかるだろう。

■ 第8節　自分自身をプレゼンする人からファシリテータに変えていこう

　この本を読んでいるあなたはトレーナーですか？　でも，この本を読むからには，標準的な内容をプレゼンして説明するような伝統的なトレーナーがするようなことに関心があるわけではないだろう。あるいは，ファシリテータですか？　でもあなたの関心は，自分の目標や目的はとりあえず脇に置いておいて，参加者自身の目標を達成できるように援助するという，伝統的なファシ

リテータがもつようなところにはないだろう。そうではなくて，参加者たちが学習目標を選び，変更を加え，自分のものとした上で，それに関連する新しい技能や知識，態度を手に入れるのをサポートする，指導的ファシリテータ（instructional facilitator）であるはずだ。指導的ファシリテータは，参加者同士が交流し，さまざまなコンテンツに触れるエクササイズを通して，皆で一緒に探究していく活動をサポートするのである。

　教育訓練ゲームを効果的に使うためには，あなた自身も，ある問題に関する専門家という役割から，次のような機能を果たすファシリテータに役割を変えていくことになる。

　①テーマに関して参加者が持っている経験や，専門性，あるいは意見を，お互いに共有することができるように，自由に答えられる質問（「開いた質問」）をする。参加者が自分で質問を考えるようにしむけることもする。

　②参加者たちがコンテンツに触れることができるように，エクササイズの中で複数回コンテンツについて触れる。エクササイズの*前に*ブリーフィングでコンテンツについて触れ，エクササイズの*最中に*は参加者をコーチする*時に*コンテンツに触れ，*最後のディブリーフィングのところでも*，コンテンツに触れるようにする。

　③参加者の好みや，要望や，限界にあわせて教育訓練を修正していく。参加者の学習のレベルとのめりこみ具合を常にチェックして，学習過程のスピード，活動の仕方，焦点および雰囲気を変える。

■ 第9節　教育訓練セッションの最後に結論をまとめない ──

　よくあることなのだが，トレーナーは，たとえ時間がオーバーしても，あらかじめ用意した論理的な結論につなげていくことにとらわれてしまう。効果的な学習を行うためには，用意した全部のコンテンツをプレゼンすることが非常に大事であると思い込んでいるのである。しかし，ツァイガルニク効果として知られている心理学の原則は，異なる見方を示唆している。

　Bluma Ziegarnik（ブルーマ・ツァイガルニク，1901-1988）は，旧ソ連の心理学者・精神医学者である。彼女は，ウイーンの歩道上のカフェで，ウエイタ

ーがメモをとることなく，たくさんの客の，しかもそれぞれ異なるオーダーを，正確にこなしているのを見た。しかし，ウエイターに話を聞いてみると，彼は前のオーダーを全部は思い出すことはできなかった。彼の説明によれば，実際にオーダーされたものを出したらすぐに，それを忘れてしまうのだという。

　ツァイガルニクは，パズルを解き，ビーズをつなげるという課題を行う一連の実験を考え出した。一部の被験者は，実験の途中，課題をやっている最中に邪魔をされるようになっていた。この実験の結果に基づき，ツァイガルニクは，後に自分の名前がつけられる原則を発見した。すなわち，人々は，やり終えていない，あるいは邪魔の入った課題を，やり終えた課題よりも，よりはっきりと，かつ長い時間覚えている。

　このツァイガルニク効果を，教育訓練の効果を上げるのに使うことができる。いくつかヒントを挙げておこう。

　①ワークショップを急に途中でやめ，学習内容が参加者の頭の中で混乱した状態であるようにしておく。参加者は，自分が学んだこと，それからまだ学ぶべきことを考え続けるようになるだろう。

　②休憩時間の前に，話している文の途中でプレゼンをやめる。参加者が休憩から戻った時に，その文の途中から話を続ける。

　③数日にわたってワークショップを行う時には，次の日の予定の中にあるおもしろいことを予告してその日を終える。

　ツァイガルニク効果を踏まえ，以下の3点が重要であることを強調して，本章の結論としたい。

　(1) 今あるコンテンツをワークショップのデザインにうまく入れ込むこと。

　(2) コンテンツをどう呈示するか，そのデザインを考えるよりも，エクササイズのデザインに注意を払うこと。

　(3)

第3章
体験的に学習することの意義

■ 第1節 体験学習の段階

　本章では，Thiagi の手法に関連する体験学習の理論やゲーミング・シミュレーション（以下ゲーミングと略記する）について紹介する。

　学習における体験（experience）の重要性は Dewey（1938）以来指摘されてきた。ただ，特に学校での教育場面において，体験学習を懐疑的に捉える見方は一定数ある。批判は主として2つである。1つは，体験しているだけで学んでいないというものである。たとえば，日本において初等中等教育で積極的にゲームを活用している井門（2007）は，日本において一般に体験学習と呼ばれるものは「はいまわる経験主義」として批判されてきたことを指摘している。また，同じ批判が「はいまわる総合学習」「はいまわる生活科」として最近に至ってもなされているとも述べている。このような批判の背景には，体験学習では，「体験」するのみで，それが従来の学校教育の中での学習に結びついていないという誤解があるように思われる。

　2つめの批判は，結局何を学習しているかが見えにくいということがある。ここで「見えにくい」と言っている意味は，体験の教育効果が測定しにくいことによる。体験やその解釈は，一人ひとり別なものであるから，その効果の測定を何でするのか，画一的に決めるのが難しい。また，後述するように，体験学習は，授業やワークショップの時間だけではなく，その後にも続く長期的な学習であるとも言えるので，その効果をたとえば直後に，短期的に測るのは難しいということもある。

　このような批判に対して，体験学習においては，体験をどのように学習に結

第 3 章　体験的に学習することの意義

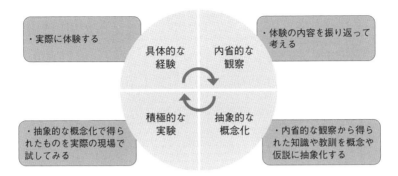

図 1-3-1　コルブ（Kolb）の学習サイクル

びつけているのだろうか。Kolb（1984）は，図 1-3-1 に示すような 4 段階からなる学習サイクルのモデルを提唱している。それらは図の内側に示されているもので，具体的な体験，内省的な観察，抽象的な概念化，積極的な実験となっている。

　本書で紹介するエクササイズは，最初の「具体的な経験」を提供している。次に，その体験の内容を振り返る（「内省的な観察」）。ここがディブリーフィングの過程である。そして「抽象的な概念化」を行う。抽象的な概念化は，体験を一般化したり，理論化したりする過程なので，限られた時間の中では参加者自らが行うことができないこともある。そのような場合には，ディブリーフィングの中で，トレーナーやファシリテータが，関連する概念や理論を紹介することもある。この後に続く「積極的な実験」であるが，これはワークショップや授業が終わってから，現実場面で学習したことを試してみることを指す。

　Kolb のモデルを見るとわかるように，体験学習はワークショップや授業「だけ」で終わるのではなく，その計画された学習の現場を離れた後にも続くものである。そして，また新しい体験をするというように，循環的な過程になっている。このように長期的な学習を前提としているのだから，終了直後には効果が測れないことがあるのも当然だとも言える。後に紹介する Jolt のような数分から十数分程度の短いエクササイズであっても，それが学習者にとって意味を持つのは，ワークショップや授業終了後の生活の中で，思い出して振り返ったり，考え直したりする過程があることを前提としているからである。

20 第1部 理論編

多くの体験学習の構成はこの Kolb のモデルを念頭に置いているので，Thiagi のエクササイズと，それに付随するディブリーフィングの方法などもこれを意識して読むと理解しやすくなるだろう。特に，ディブリーフィングの時にどのような発問をするのかなどについて考える時にも，このサイクルを理解しておくと良いと思う。たとえば，どのような質問をしたら，参加者はエクササイズで起こったことと自分が現実の世界で体験していることとを結びつけられるのか，とあらかじめ考えておくことは重要である。もし，参加者が現実の世界と結びつけられないように見える時に，ファシリテータの側でその例をあらかじめ用意して呈示することができるからである。

■ 第2節　ゲーミング・シミュレーションとはどのようなものか

ゲーミングとシミュレーションを並べた学問領域が成立したのは 1960 年代から 1970 年代にかけてである。名詞であるゲーム（game）という語を使わず動名詞としてゲーミング（gaming）という時，ゲームをプレイするという活動の面が強調されることになる。具体的には，「ゲームを用いる問題解決手法」（兼田，2005）を指す。また，「ゲーム」については，厳密に定義するわけではないが，本書においては，一定のルールがあって，プレーヤ同士が何らかの形で競争するエクササイズを「ゲーム」として分類した。

ゲーミングを問題解決技法として使うという現代的な使われ方は，ドイツ語圏における戦争ゲーム（Kreigspiel）に起源があると考えて良い。ボードゲームを教育目的で使うことは，少なくとも 17 世紀には確認されている。また，18 世紀にプロシア軍は将校の教育用に戦争ゲームを用いていた。

この伝統から，ゲーミングには必然的にシミュレーションの要素が含まれる。日本においても 1941 年に総力戦研究所で行われたゲーミング（「机上演習」と呼称されている）は，当時の官僚らが英米と日本が開戦した後についてシミュレーションしたものである（猪瀬，2002）。このゲーミングの結果は，原爆投下以外は，敗戦も含めてほぼ現実と近い結果を予測している。

上述の戦争ゲームの流れは，第2次世界大戦後に，政策立案ゲーム（policy exercises），ビジネスゲーム，国際関係ゲーム，模擬社会ゲームなどにつながっ

ている。国際シミュレーション&ゲーミング学会が設立されてまもなく 50 年になるが（2019 年），この間多くのゲームが作られ，主に教育目的で使われてきた。

　ここで，ゲーミングに関連する近年の 2 つの用語についても簡単に触れておく。それらは，シリアス・ゲーム（serious game）とゲーミフィケーション（gamification）である。

　ゲームという単語が「楽しさ」を連想させることから，ゲームプレイが遊びではなく「まじめである」ということを強調するために，「シリアス・ゲーム」という用語が早くから導入されていた（Abt, 1970）。Abt 自身は，ボードゲームやカードゲーム，アウトドアゲーム，ロールプレイなどあらゆる種類のゲームについて検討していたのだが，ゲーミングの分野でこの概念はそれほど注目されてこなかった。おそらく，ゲーミングにおいては，プレーヤが「楽しく」かつ「真剣（serious）に」になることは自明であるからだろう。「シリアス・ゲーム」という用語を選ぶことによって，むしろゲームの楽しいという要素が排除されてしまうからとも考えられる。しかし，近年，この用語は主としてビデオゲーム産業やデジタルゲームの研究者によってひんぱんに使用されるようになってきた。つまり，ビデオゲームの市場の拡大に伴い，娯楽のためのゲームであっても，教育効果があるはずだという前提に立って，それの効果が検討されるようになってきたのである。

　さらには，日常の生活にゲームのルールを組み込むことによって，日常をゲーム化するゲーミフィケーションも近年注目を浴びているものである。たとえば，毎日の歩数をネット上に登録して，他者と記録を競うような健康増進ゲームは典型的なものである。しかし，ゲーミフィケーションは，基本的に報酬と競争のメカニズムを使ったものがほとんどで，ゲームの日常化という視点からは興味深いものがあるものの，本書ではこれ以上取りあげない。

　本書で取りあげる Thiagi のエクササイズは，シリアス・ゲームやゲーミフィケーションではなくて，ゲーミング・シミュレーションの流れを汲んだものである。「まじめさ」を強調するのは，彼のゲームのデザインポリシーとは一致しない。ゲーミフィケーションのような単純な報酬システムも，Thiagi のエクササイズらしくないといえる。なお，彼自身は，デジタルな素材も組み合わせ

たエクササイズも作成しているので，デジタルゲーム自体を排除しているわけではない。ただし，本書ではこれらは紹介しない。

■ 第3節　楽しく学ぶことの意味

　前節でシリアス・ゲームということによって「楽しさ」という要素が排除される可能性を指摘した。筆者はゲーミングにおいて，ゲームは楽しくなければ・・・・ならないと考える立場をとる。そこで，ここでは楽しく学ぶことの重要性について考えてみたい。

　しばしば，楽しさは参加者をひきつけるだけのものとして捉えられがちである。「ゲーム感覚で」楽しく学ぶ，というような表現に，そのことは端的に表れていると思う。しかし，矢守（2007）は，災害対応ゲーミング「クロスロード」（矢守ら（2005），吉川ら（2009））を例に引いて，「ゲーム感覚」ということばを，単にユーザーフレンドリーなメディアである点に帰しては，ゲーミングという技法の本質を見失うことになると指摘している。筆者もこれに同意する立場だが，本節ではさらに進めて，「楽しくなければならない」という視点に立って，ゲーミングの意義を考えていきたい。

　Thiagi は，本書で紹介するようなエクササイズ以外にも，単純に反復によって知識や概念を学習するようなゲームもたくさん作っている。たとえば，「Let's Deal with Conflict」は，組織内の葛藤解決のスタイルを学習させるために作られたカードゲームである。複数のルールが提供されているのでいろいろな使い方が可能なゲームだが，基本は反復による理論（Blake & Mouton（1964）のマネジリアル・グリッド・モデル）の学習である。つまり，複数のプレーヤでなくても，1人で学ぶことができるような学習内容である。ゲームを用いるとしても，アナログゲームにしなくても，デジタルゲームのような CAI（computer-assisted instruction）でも学習することができる。この点について，彼に直接尋ねたことがあるのだが，返答は明快で「楽しいから（Because it's fun）」アナログゲームにする，ということであった。なぜ楽しいのかというと，そこに人が介在するからである。たとえ単純に反復したり，報酬をもらったりするようなゲームであっても，その中に人間同士の相互作用

があると，楽しさが増してくるのである。

　筆者も楽しく学ぶことが大事だという Thiagi の意見に同意するものだが，そう考える理由を以下にまとめておく。

　まず第1に，楽しい経験は，参加しようという意欲を高める。前章（第1部第2章）で Thiagi は，アジアにおいて，講義スタイルの学習手法が顕著であると指摘しているが，彼の印象が正しければなおのこと，参加を促すために，楽しい雰囲気で学習を進めることが重要になる。講義スタイルに慣れてしまうと，先生に対して，気軽に質問したり，あるいは先生の間違いを簡単には指摘しにくくなる。もし間違っていたとしたら人前で恥をかくかもしれないと思うこともある。楽しい雰囲気は，このような障壁を取り除く役割を果たす。失敗しても良いと考えられるような雰囲気を楽しさで演出できれば，より積極的に学習することができる。

　第2の点は第1の点に深く関係するのだが，楽しい遊びのような雰囲気は，参加者に，失敗しても構わないと思わせるのに役立っている。ゲームを教育に活かすことの大きな利点は，安全な環境で失敗できることである。このことを Meyer & Stiehl（2006）は，「ゲームの自由空間において，人は余すことなく挑戦することができる」と表現している。

　第3に，楽しいとまた繰り返してやってみたくなることがあげられる。初めからうまくできる人ばかりではない。体験には失敗はつきものだが，楽しければまたやってみようと思うものだし，次にはおそらくうまくできることだろう。失敗した後で，「こうしたらうまくいくのではないか」とか「別のやり方でやってみたらどうだろうか」というように考えて，再び挑戦するなら，それは自発的に考えているのである。そして，うまくできるようになった時，その学習の進展は，誰から教わったものでもなく，本人が自分で考えて獲得したものである。この「自分で考えて試してみて，うまくいった」という感覚が重要だと筆者は考えている。だからこそ，何度もやりたくなるほど，学習は楽しいものでなくてはならない。

【引用文献】

Abt, C. C. (1970). *Serious games.* New York, NY: Viking Press.

Blake, R. & Mouton, J. (1964). *The Managerial Grid: The Key to Leadership Excellence.* Houston: Gulf Publishing.

Dewey, J. (1938). *Experience and Education.* The Kappa Delta Pi Lecture Series, NY: Macmillan. (市村尚久訳 (2004).『経験と教育』講談社)

井門正美 (2007). 教育分野におけるシミュレーション&ゲーミングの理論と実践―役割体験学習理論に基づく教材開発とその実践―　日本シミュレーション&ゲーミング学会 2007 年全国大会論文報告 2007 年秋号, 87-91.

猪瀬直樹 (2002). 日本人はなぜ戦争をしたか―昭和 16 年夏の敗戦―　小学館

吉川肇子・矢守克也・杉浦淳吉 (2009). クロスロード・ネクスト　ナカニシヤ出版

Kolb, D. A. (1984). *Experiential Learning: Experience as the Source of Learning and Development.* Englewood Cliffs, NJ: Prentice-Hall.

Meyer, T. & Stiehl, N. (2006). 教育におけるゲーム利用の可能性　シミュレーション&ゲーミング, *16* (2), 83-91.

矢守克也・吉川肇子・網代剛 (2005). 防災ゲームで学ぶリスク・コミュニケーション―クロスロードへの招待―　ナカニシヤ出版

矢守克也 (2007).「終わらない対話」に関する考察　実験社会心理学研究, *46* (2), 198-210.

第2部　フレームゲーム

第1章
フレームゲームとは何か

　Thiagi のフレームゲーム（Framegame）とは，ゲームの雛型（テンプレート）である。額（フレーム）はそのままで，絵を付け替えることができるように，ゲームのルールはそのままで，内容を自由に変えることができるものを指す。

　この章では，主に3つのゲームを紹介する。「ハロー（Hello）」，「即興調査（Sudden Survey）」，「35（Thirty-Five, サーティ・ファイブ）」である。

　「ハロー」ゲームと「即興調査」は，いずれも「クイックスキャン（Quick Scan）」というフレームゲームを使っている。どちらも，フレームゲームに「ワークショップの初期または中期に参加者についての情報を得るためのアクティビティ」を当てはめたものである。表2-1-1 にクイックスキャンのゲームの流れと，「ハロー」および「即興調査」とを比較して掲載したので，第2章に紹介している具体的な手続きと読み比べて理解するとわかりやすいだろう。

　このフレームゲームは4つの質問を用意し，それを使って参加者同士がインタビュー調査をして結果をまとめる，というものなので，質問の内容（コンテンツ）と実施時期は柔軟に変えることができる。本書では，「ハロー」ゲームをワークショップの冒頭に実施するもの，「即興調査」はワークショップの中期に実施するものとして紹介したが，もちろんワークショップの後期に実施することも可能である。その時の質問は，ワークショップの内容を振り返るものを用意するとよい。たとえば，以下のような4問である（トランプのスートは参加者のグループを示す。表2-1-1 参照）。

　ハート：ワークショップで新しい知識やスキルを学べましたか？

第1章 フレームゲームとは何か　27

表2-1-1 「クイックスキャン」と「ハロー」の比較（網掛け部分が異なる箇所）

ゲームの流れ		
クイックスキャン	ハロー	即興調査
質問を準備する	ワークショップの参加者の事前の知識や経験を問う4つの質問を準備する	参加者の現在の知識や意見について，4つの質問を準備する
トランプのカードをスート（マーク）がバラバラになるよう，よくきっておく	トランプのカードをスート（マーク）がバラバラになるよう，よくきっておく	トランプのカードをスート（マーク）がバラバラになるよう，よくきっておく
参加者への説明（ブリーフィング）	準備した4つの質問についての回答が知りたい，と参加者に説明する	準備した4つの質問についての回答が知りたい，と参加者に説明する
チーム作り	トランプを配って，スートが同じ人同士がチームになるように指示する	トランプを配って，スートが同じ人同士がチームになるように指示する
チームへの質問割り当て	チーム（スート）ごとに別々の質問を与える（以下は一例）ハート：このワークショップに参加することで何を得たいですか？ダイヤ：今日のテーマに関連することについて，あなたはどんな経験ありますか？スペード：あなたが今やっている教育訓練のプロジェクトは何ですか？クラブ：訓練プログラムを行う時に直面する難しい点にはどのようなものがありますか？	チーム（スート）ごとに別々の質問を与える（以下は一例）ハート：ここまでで学んだ知識やスキルにはどのようなものがありますか？ダイヤ：もっと知りたいと思う内容はどれでしょうか？スペード：まだよくわかっていないところはどこですか？クラブ：ワークショップの進み具合はどうですか？早いですか？遅すぎますか？
計画フェーズ	どうやって回答を集めるか，チームで計画を立てさせる	どうやって回答を集めるか，チームで計画を立てさせる
情報収集フェーズ	参加者同士で回答を集めさせる	参加者同士で回答を集めさせる
分析フェーズ	集めた回答を，チームで分析させる	集めた回答を，チームで分析させる
報告フェーズ	分析した結果をチームごとに発表させる	分析した結果をチームごとに発表させる
ディブリーフィングと討論	結果についてディブリーフィングを行う	結果についてディブリーフィングを行う
実施時期	ワークショップの冒頭	ワークショップの中期

ダイヤ：ワークショップの組み立ては，きちんと系統立っていましたか？
スペード：ファシリテータは，参加者の質問に適切に答えていましたか？
クラブ：このワークショップをより効果的なものにするために，ファシリテータにどんなアドバイスをしますか？

「35」は，日本でもよく使われているフレームゲームである。手続きとしては，図2-1-1のようになる。参加者が考えたもののうち，一番良いアイディアを選び出すエクササイズである。ワークショップの後期，ディブリーフィングを兼ねて実施されることが多い。アイディアを参加者同士お互いに評価してポイントをつけていくのだが，基本的には誰のものかわからないアイディアを評価する仕組みとなっているので，評価をすることに対する心理的な抵抗が少なく，使いやすいエクササイズである。

ワークショップの後期に限らず，どのタイミングでも使うことができる。参加者に求める課題（回答）を別のものにすれば，ワークショップの初期に使うことも可能である。たとえば，「参加者全員が，これから行う実習に参加して活発に議論するためにはどうしたらよいか，そのアイディアを考える」というような課題にすることもできる。その場合には，最初に作ったアイディアを，そ

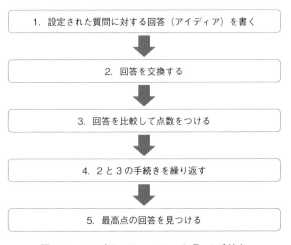

図2-1-1　35（サーティ・ファイブ）の手続き

の後のエクササイズで，実際に実習進行のガイドラインとして使うことも可能である。

　以上のようなフレームゲームに関して，Thiagiは，「実用的な剽窃」（pragmatic plagiarism）を勧めている。ワークショップのプランニングをする際に，自分のコンテンツを既存のフレームに載せることで，自分のオリジナルのゲームを作ってしまおう，という意味である。オリジナルでゲームを作ることは簡単ではない。そこに時間を使うくらいなら，フレームゲームを使って，自分の目的にあったゲームを作った方が良いというのが彼の提案である。ゲームのルールを工夫するよりも，内容を充実することに時間をかける方が，より良いゲームができあがるというわけである。「ハロー」の例を挙げるならば，4つの質問をよく考えることにこそ，時間を使うべきなのである。

　フレームゲームに自分のコンテンツを載せる際に，Thiagiが気をつけるように指摘している点についても触れておく。それは，変更を最小にすることである。もちろん，ゲームのルールや手順を変えても構わないが，改変しすぎるとフレームゲームの良さがなくなってしまう。たとえば，「ハロー」と「即興調査」のゲームとしての差は，質問の内容だけである。何のためにこのゲームをするのか，ワークショップの最初に参加者について知りたいと思ってやるのか，それとも，途中でワークショップに対する参加者の反応が知りたいのか，それぞれの目的によって，適切な質問を考えるのがファシリテータの仕事である。

　なお，フレームゲームとしては紹介していないが，第3部第2章の「封筒（Envelopes）」も，フレームゲームの1つである。2つ以上のチームが同じ問題を解き，他のチームがそれを評価する，その流れを「封筒」という小道具を使ってゲーム化したものである。これも，コンテンツを変えれば，別のエクササイズとして実施することができる。

第2章 フレームゲームの紹介

 ハロー（Hello）

1. **目　　的**
   参加者についての情報を入手する。

2. **参加者数**
   8人〜52人。
   12人から32人が最適。

3. **所要時間**
   30分〜50分。

4. **用意するもの**
   トランプ：参加者数分の枚数。ただし、スート（ハート、ダイヤ、スペード、クラブ）の数ができるだけ同数になるように用意する。
   模造紙またはフリップチャート
   太字のフェルトペン（模造紙やフリップチャートに記入用）
   タイマー
   ホイッスル

5. 事前の準備

（1）4つの質問を用意する。ファシリテータが参加者について知りたい情報をよく考えて構成するとよい。末尾に例を示した。

（2）参加者数（正確にわからない時は概数）を，4で割る。割った結果が整数にならない場合は（小数点を含む場合は）切り上げる。スート（ハート，ダイヤ，スペード，クラブ）ごとに同枚数になるように，トランプを準備する。これは参加者をスートによって4グループに分けるためである。用意ができたら，よく切り混ぜておく。

> 　例：30人参加者がいるとして，4で割れば7.25だが，これを切り上げて8とする。トランプのカードは1〜8を4スート分32枚用意する。9〜13のカードは使わない。（数字に意味を持たせたくない時には，カードの数字はどのようなものであっても良い。）

6. 進め方

（1）参加者に，これから「ハロー」という名前のエクササイズをすると説明する。このエクササイズは，参加者全員がお互いに情報を集めて共有するものであると言う。

（2）事前準備した4つの質問を呈示する。これらの質問に対する答が知りたいと言う。

　例を以下に挙げる（末尾の例には含まれていない。この例のエクササイズのファシリテータが知りたいことは，参加者のワークショップに関する期待，経験，実際にやっている仕事，感じている困難の4つである）。

　期待：このワークショップに参加することで何を得たいですか？

　経験：今日のテーマに関連することについて，あなたはどんな経験がありますか？

　プロジェクト：あなたが今やっている仕事は何ですか？

　困難な点：仕事を行う時に直面する難しい点にはどのようなものがありますか？

（3）参加者に，これから4チームに分かれると説明する。4つのチームそれぞれは，4つある質問のどれかを割り当てられる。各チームは，割り当てられた質問の回答を，自分のチームのメンバーを含め，参加者全員から集めなくてはならない。

（4）この実習の時間配分について知らせておく。
3分：全員からどうやって回答を集めるのか，計画を立てる。
3分：参加者全員から回答を集める。
3分：集めてきた回答をチームで分析する。
1分：各チーム1分ずつ，分析の結果を発表する。

（5）トランプをよく切って，参加者に1枚ずつ取るように言う。同じスートの人を探して，チームを作るように言う。チームのメンバーで固まって座るように指示する。質問を各チームに割り当てる。
（上記の例を再び引用）
ハート：期待
ダイヤ：経験
スペード：仕事
クラブ：困難な点

（6）参加者全員から回答を集めるのをどうやって行うか，計画を立てるように指示する。制限時間は3分である。
2分経ったら「残り1分」と言う。3分経ったら終了を告げる。

（7）3分で参加者全員から回答を集めるように言う。できるだけたくさんの人から回答が集められるよう，ファシリテータは邪魔にならない場所に移動する。制限時間は3分であると言って，タイマーをスタートさせる。
2分経ったら「残り1分」と言う。3分経ったら終了を告げる。

（8）参加者にチームに戻って，集めた回答を情報共有して，分析するように

言う。模造紙を配布して（またはフリップチャートを割り当て），そこにまとめを書くように言う。制限時間は3分である。

　2分経ったら「残り1分」と言う。3分経ったら終了を告げる。

　(9) 各チームを適当に指名していって，順に発表をさせる。制限時間は1分である。

7. ディブリーフィング

　結果について，全員でディブリーフィングを行う。ファシリテータがこれから行うワークショップの目的について話し，また，ワークショップの流れについてもここで示す。このエクササイズで行った課題（例では，期待，経験，仕事，困難な点）についても，関連させて話しておく。

質問の例

1.　このワークショップに参加するメリットを上げるために，どのようなことをするつもりですか？
2.　休憩は何回くらい入れたら良いでしょう？　その休憩時間はどのくらいの長さがよいですか？
3.　このワークショップでの基本的なルール（ground rule）について，どういうものを提案したいですか？
4.　あなたの仕事上の肩書きは何ですか？
5.　このワークショップであなたがやって欲しいことは何でしょうか？
6.　このワークショップで得たスキルや知識を職場で活用する際に，どういう障害がありそうだと思いますか？
7.　対話的な学習法について，まず聞きたいことは何ですか？
8.　対話的な学習法について，今あなたが持っているスキルにはどのようなものがありますか？
9.　ファシリテータに対して，どんな提案がありますか？
10.　このワークショップで取りあげて欲しいテーマは何でしょうか？
11.　なぜこのワークショップに参加したのですか？

即興調査（Sudden Survey）

1. 目　的
参加者の現在の知識や意見を把握する。

2. 参加者数
8人以上52人まで。
12人から36人が最適。

3. 所要時間
30分〜50分程度（課題による）。

4. 用意するもの
トランプ1組（総参加者数に応じて，4つのスートの数ができるだけ均等になるようにしておく）
タイマー
ホイッスル
質問を呈示できるパソコンとプロジェクターがあればなお良い。

5. 進め方
「ハロー」と進め方は同じだが，以下では少し説明の仕方を変えて書いている。どちらかわかりやすい手続きで進めてもらって構わない。

(1) 参加者に，トランプのカードを配布する。

(2) 4つのスートごとに，収集する情報の種類を割り当てて指示する。
どのような質問でも構わない。たとえば，以下のような質問が考えられるだろう。
ハート：ここまでで学んだ知識やスキルにはどのようなものがありますか？

ダイヤ：もっと知りたいと思う内容はどれでしょうか？
スペード：まだよくわかっていないところはどこですか？
クラブ：ワークショップの進み具合はどうですか？　早いですか？　遅すぎますか？

(3) 次のスケジュールを伝える（括弧内は制限時間）。
①計画立て：同じスートのグループで集まり，どうやって情報収集するか考える（3分）。
②情報収集：自分の与えられた課題について，他のメンバーに聞いて歩く（3分）。
③分析：自分のグループに戻って集めた情報を分析する（3分）。
④発表：各グループが調査結果を発表する（各1分）。

(4) 参加者がスケジュールを理解したら，ホイッスルを吹いて開始を知らせる。
上記スケジュール通りに進行する。

(5) 全グループの発表が終わったら，テーマと関連づけて解説する。

35（Thirty-Five）

1. 目　的
学習内容を，適切に表現する。
良いアイディアを発見する。

2. 参加者数
何人でも可。
偶数であることが必要なので，参加者が奇数の場合は，ファシリテータがあらかじめ用意した1枚のカードを持って参加する。

3. 所要時間
15分程度。

4. 用意するもの
インデックスカード（京大カードか，一回り小さいカード）：人数分
タイマー
ホイッスル

5. 進め方

（1）参加者に質問をする。参加者は，その質問に対する答を，具体的に，短く，白紙のカードに書く。

（2）参加者全員は会場（部屋）を歩き回り，手元のカードを交換し合う。この時，カードの内容は見ないように，参加者に指示する。

（3）30秒ほど経ったらホイッスルを吹いて，参加者を立ち止まらせる。参加者は近くにいる人とペアを組む。

(4) ペアになった者同士，手持ちの2枚のカードを比較する。

ペアで計7点を持っているとし，その7点を2枚のカードに重みづけて割り当て，カードの裏に記入させる。たとえば，一方が非常に良いものであれば7点対0点，両者の評価が拮抗するようであれば3点対4点，など（図2-2-1参照。この例では，「今日学んだことで一番重要だったことを一文で表現すると？」という問に対する回答の例を挙げている）である。この時，マイナスや小数を含む数字は使わないようにさせる。

(5) 上記（2）から（4）の手続き（歩き回って交換→ペアを作る→7点を割り当てる）を計5回繰り返す。

(6) 5回終了したら，ホイッスルを吹いて，その時手元に持っているカードの裏面の数字を，合計するように指示する。

(7) 35点（最高点）から始めて，カウントダウンしていく。最も得点の高いカード，次に得点の高いカードを見つけ，順に内容を読み上げさせる。

この時参加者が持っているカードは，稀な偶然を除き，本人が書いたカード

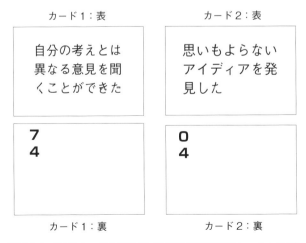

図2-2-1　35のカードの記入例（2回目の評価が終わったところ）

ではないので，そのカードを書いた人は誰なのかをこの時点で明らかにすることもできる。その場合は，高得点者に対して，たとえば上位5人くらいまで，全員で拍手でたたえるようなことをしても良い。

課題の例：

【ディブリーフィングで使うとき】

今日学んだことで一番重要だったことを1文で表現すると？

今日学んだことを1文で要約すると？

（健康について学んだ後に）健康な生活を送るために大事なことは？

（環境について学んだ後に）環境を守るために今日からできるような簡単なアイディア

【アイディア発見のために使うとき】

20分間集中して話を聞くためには，どうすれば良いか？

環境を守るためにあなたができることは？

地域の商店街を活性化するためのアイディア

語学力をアップするためのアイディア

戦争を防ぐために効果的なスローガンを考えてみよう。

バリエーション

得点の高いカードだけではなく，得点の低いカードや，評価の分散が高いカードを探して紹介しても良い。

学習内容の復習ではなく，アイディア発見などに使いたい場合は，実際の実現可能性などを議論しても良い。

実施上の注意：

a. 参加者が奇数になると成り立たないので、ファシリテータが必ず1枚あらかじめ回答を書いた紙を用意し、奇数の場合はすぐに参加できるようにしておく。

b. 指示しても参加者が間違えやすいところは、「5. 進め方」の (2) と (4) である。(2) は、歩き回ってカードの交換「しか」しないのであるが、最初の回では、この時点でカードを見せ合ったり、比較を始めたりする参加者が少なくない。単に歩き回る「だけ」とか、交換する「だけ」、ということが無目的に見えてわかりにくいのかも知れない。最初にざっと進行を説明する際に、「最初はカードの交換だけである」というだけではなく、歩き回り始める前に、「カードを交換するだけで、カードを見せ合ったりしない」ということを念押しした方がいいように思う。

写真 2-2-1　手もと

第3部　対話的学習法

第1章
対話的学習法とは何か

　第3部では，interactive learning（対話的学習法）の手法を紹介する。他者やコンテンツと関わることを「対話的」と言っているのだが，具体的にはゲームである。すなわち，講義のような学習コンテンツとゲームの組み合わせがここでいう対話的学習法である。

　本書では，「対話」と訳したが，Thiagi が "interactive" という時，日本語で「相互作用」あるいは「対話」という以上のものを指しており，ファシリテータとの相互作用や参加者同士の相互作用だけではなく，学習素材（コンテンツ）との相互作用も含んでいる。学習素材との相互作用とは，その素材の内容を吟味したり，まとめたり，他者に伝達したりなどのさまざまな活動を指す。素材とアクティブにかかわって学ぶことだと考えればわかりやすいかもしれない。

　さて，2章以下で紹介するそれぞれの手法には，「講義を行う」というような表現があるが，ここで行う「講義」は内容を問わない。それは授業だけを指すものではなく，専門家による講演や，ある話題に関連したプレゼンテーションなども含む。講義の代わりに，「教材を読む」作業にしてもよいし，「映像を見る」ことであってもよい。また，講義を行う人は，ファシリテータ本人でなくても構わない。

　Thiagi は，対話的学習手法に対する自分の考え方を簡潔に3点にまとめているので，以下に紹介しよう。

　第1は，「ゲーム」か「講義」かの二者択一（either）ではなく，「ゲーム」も「講義」も両方（both）であるということである。ゲームの要素によって引き出される高い動機づけを用いて，講義の内容をしっかり定着させることを狙っているのである。受け身での講義だけでは，忘れるのも早いし，またそこで

得た知識やスキルを活用する機会は得られない。

第2は,「講義」と「ゲーム」のバランスをとるのではなく,両者を「一緒にする」(combine) ことである。たとえば,20分講義してそのあと20分ゲームをする,というような明確な区分をたてることをやめて,講義とゲームを適度な量で混ぜ合わせる(blend)のである。ここで混ぜ合わせる,といっているのは,両者の境界をなくして,講義やゲームがどの時点から始まっているのかというようなことを参加者が意識しないようにさせるということでもある。具体的な「混ぜ合わせ」の例として,講義が後に続くゲームのブリーフィングになるような場合が挙げられる。逆に,講義が前のゲームのディブリーフィングとなるような場合もある。講義の中で呈示された原則ややり方を,実際に活用する場としてゲームを位置づけることもできる。

第3は,ゲームで使う素材や手法は,最終的にはユーザーと共同してデザインすべきであるということである。本章で紹介している手法は,講義の部分がないので,手法だけが独立にデザインされたように見える。しかし,もとをたどるとそれぞれの手法のデザインの過程で,参加者に学んでもらいたいコンテンツがあり,関係者(最終ユーザー)と議論の上にできあがっているものが多い。

ただ,Thiagi が指摘しているように(第1部第2章),特にアジア(日本を含む)において,能動的に参加することを好まず,座って講義を聞く方が良いという参加者は一定数いる。そこで,本章ではこのような対話的な手法に慣れていない参加者でも比較的抵抗が少ないと思われるエクササイズを中心に紹介することにした。

表3-1-1に,それらの簡単な概要を掲載した。基本的には,ワークショップや一連の講義のどのタイミングで実施すると使いやすいか,その時期の早い順に並べている。しかし,各エクササイズのところで説明しているように,使い方によっては,別のタイミングで使うことのできるものもあるので,並べ方はめやすとしてお使いいただければと考えている。

詳しくは,それぞれの部分を見ていただければわかるが,以下に簡単にそれぞれの手法を,特に利点を中心に簡単に紹介しておく。

「選ばれた質問」は,講義やワークショップの前にあらかじめ質問を受けてお

44　第3部　対話的学習法

表3-1-1　エクササイズの目的

エクササイズ名	主な使われ方
選ばれた質問	講義内容の予習（ワークショップ前に，あらかじめ参加者から質問を受けておく）
簡単マニュアルラーニング	講義全体の概観，大部なテキストの学習
誰が言ったの？	参加者の知識の確認
なぜなのか？	講義内容の簡単な復習
簡単ディベート	講義内容についての議論
エッセンス	講義内容の復習（まとめ）
ごちゃ混ぜ文	講義内容の復習（まとめ）
5番目の文は？	講義内容の復習（まとめ）
復習ルーレット	講義内容の復習（まとめ）
言葉と絵	講義内容の復習
3で切り取る時の風景	講義内容の現実場面での活用方法の検討
友達への葉書	講義内容の復習（まとめ）

き，それをもとに講義を進めるエクササイズである。ポイントは，参加者自身が質問の評価をする過程が含まれているところにある。そのため，ここで行われる講義の内容を理解するというだけではなく，「質問の仕方」についても学習できる。この質問選択の基準だけを，別の所で活用するようなことも可能である。

　なお，このエクササイズでは，参加者が競って発言するような場面が想定されている。大きな声で（質問）番号を一斉に言わせ，最も人気のあった質問からファシリテータが答えていく，というものである。このように回りに人がいる状況で，手を挙げたり声を出したりするのが苦手な日本人参加者は多い。そのため，オリジナル通りに実施しなくても，たとえば適当に個人をファシリテータが指名して答えさせるとか，個人で考えさせるのではなく，グループで相談して発表させるとか，実施しやすいように細部を変えても構わない。このような参加者に応じたアレンジを Thiagi は容認している。「大きな声で答える」というところに問題があるために，このエクササイズを使わなくなるくらいな

ら，使いやすいように変更して実施する方がよい。これも筆者の印象だが，日本人参加者が人前で話すことに抵抗があるとき，「まず手元の紙に書いてからそれを読み上げてもらう」，「個人作業ではなく，グループ作業にして，グループごとに発表してもらう」，「自分から手を挙げる方式にせず，ファシリテータが指名して発表する」などは，比較的抵抗の少ない代替案である。これ以外のエクササイズも同様で，もし実施しにくいと考える部分があるなら，「話す」より「書く」，「自発的に」より「誰かにやってもらう」ようにすると，抵抗が少なくなると思う。

「簡単マニュアルラーニング」は，分厚い資料を「ざっと見る」ためのエクササイズである。分量の多いものを読んだり学習したりすることに対して，ひるんでしまうことはありがちなことだが，その最初の障害を下げるエクササイズである。したがって，エクササイズの手続きだけみるなら，ワークショップ（授業）の後半に実施することも可能だが，初期の利用がより効果的である。たとえば，1年間ないし半期の授業の最初の回で，教科書を使って全体を概観したいような時に使うと，受講生が授業の体系を把握できるのでよい。同様に，数日にわたる講習の長大なテキストや，エクササイズの日本語の命名（後述するように意訳である）の通りの分厚いマニュアルを学習しなければならないような時に使うと良い。

「誰が言ったの？」は，ファシリテータも含めて，参加者がお互いの知識のレベルや考え方を知るためのエクササイズである。本書では，最初の方で使う使い方を紹介したが，質問を工夫すれば，ワークショップ（授業）のどのタイミングでも使うことができる。

「なぜなのか？」は，講義の内容を振り返るのに向いている。ばかばかしいような質問と問の組み合わせを作るわけだが，それはきちんと勉強していることが前提になっているので，この両者の対比が，参加者により深い学習を促す良いエクササイズとなっている。

「簡単ディベート」は，2つの対立した考え方について，それぞれの長所と短所を短く議論するエクササイズである。短時間に多くの論点を議論するので，通常のディベートほど参加者の準備や多くの知識を必要としない。その代わり，主催者（ファシリテータ）がたくさんの対立する論点を用意する必要があ

り，この準備が成否を決めるといってよい。本書では，参加者がある程度知識を持っている方が議論しやすいと考えて，後期のエクササイズとして紹介したが，議論するテーマの選び方によっては，訓練の初期や中期に使うこともできる。その時には，議論の準備段階として，たとえば，簡単なネットでの情報検索などを参加者に許してもよいかもしれない。

「エッセンス」は，学習したことを短く要約するエクササイズである。同様のエクササイズはどうやってもできるが，「エッセンス」のポイントは，短くする字数（単語数，日本語なら行数など）に制限をかけて，それを徐々に厳しくしていくところにある。注記にも書いているが，制約の課し方は，575のような定型文にするとか，他の方法も考えられるだろう。

「ごちゃ混ぜ文」は，「エッセンス」と同じように，講義の内容を要約するエクササイズである。ただし，あらかじめ講義の内容を要約した文のリストを作っておく必要があり，ファシリテータ側の準備が必要である。実施時間は45分としているが，講義の時間や解説の時間を含めてのものなので，より短い時間で実施することも可能である。

「5番目の文は？」も，要約をするエクササイズである。上述の2つに比べて，よりゲームらしい趣向にしてあるので，即興的な進行に慣れていないファシリテータであっても，比較的抵抗なく実施することができる。

「エッセンス」，「ごちゃ混ぜ文」，「5番目の文は？」は，いずれも「講義の要約」がテーマとなっている。実施するファシリテータ（トレーナー，あるいは講義する人）の使いやすい手法を選んでいただければと思う。著者の主観的感覚であるが，最も簡易に実施できるのは「5番目の文は？」である。楽しい要素よりも，講義らしいスタイルがより好ましいと思う場合には「ごちゃ混ぜ文」を勧める。「エッセンス」は両者の中間くらいである。これも著者の印象であるが，日本語で実施する場合は，英語で実施する場合（第3部第2章で記載した時間）よりも，やや時間がかかる。

「復習ルーレット」は，前半で参加者が復習用のクイズを作り，後半それをゲームとして遊ぶ，という形式のものである。3部に分かれているので，ファシリテータは，実施の際に手続きを十分頭に入れておく必要がある。慣れてきたら短時間での実施が可能だが，慣れないうちは，指示やグループ間のカードの

取り回しなどで時間がかかると考えておいた方が良い。

「ことばと絵」は，学習したことを「文章」と「絵」の2つの別々の方法でまとめるものである。フリップチャートか模造紙で作ったポスターを，参加者同士見て回って見比べる手続きが入っているので，参加者があまり多い時には向かない。しかし，言語情報である講義を，非言語的な「絵」でまとめるというのは，本書で紹介した他の復習用のエクササイズにはないものなので，参加者数や会場の都合が許せば，参加者にとっては興味深いエクササイズとなるであろう。

「3で切り取る「時の風景」」は，学習したことを将来どう活かすかを考えるエクササイズである。短い時間で実施できるし，簡易な手続きなので，講義やワークショップの最後に使うのに適している。エクササイズの名前（Timescapes in threes）は，「風景（ランドスケープ，landscape）」という単語から「時間の情景（タイムスケープ，timescape）」という造語を作って，それを3という単位の時間で区切っていることを意味している。あたかも風景が遠景から近景へ近づいていくかのように，ずっと先の3年後から，今ここの「3分」へと時間を縮めていき，できることを考えていく。最後に，実際の3分を使って考えたことをやってみる過程が入るので，参加者には時間の感覚についても考えさせることができ，効果的なエクササイズとなっている。

「友達への葉書」も，学習したことの要約を参加者に求めるものであるが，これから参加する人に，内容を伝えるための「葉書を書く」という体裁をとっているので，参加者は楽しく（得意な人はイラストを加えながら）実施することができる。バリエーションの所でも紹介したが，参加者がここで書いた葉書を回収して，次回の同様のワークショップの際に，「これから行うことはどういうことか」というのを紹介するために使うことができる。ただし，それを書いた参加者が，そのことにあらかじめ同意していることが必要になる。

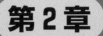

第2章
対話的学習法の紹介

 選ばれた質問（Selected Questions）

1. 目　　的
参加者の聞きたいことに配慮した上で，講義を行う。

2. 参加者数
何人でも可。

3. 所要時間
制限なし（講義時間以内）。

4. 準　　備
(1) 事前に参加者から質問を受け付けておく。
　授業ならば，前の授業で，講演の場合は，主催者経由で受け付けるなどの方法が考えられよう。

(2) 質問をパソコンに入力した上で，ランダムな順序になるように，たとえば，アイウエオ順に並べ替える。

(3) 並べ替えたら通し番号を振る。

（4）質問すべてを読み返して，参加者の知識や興味のレベルを把握する。

（5）並べ替えた質問リストを印刷して，参加者分用意する。

5. 進め方

（1）参加者に質問リストを配る。

（2）参加者に対して，すべての質問に答えることはできないし，望ましくもないと言っておく。とはいっても，ファシリテータが勝手に質問を選ぶのではなく，「参加者」という専門家グループに選択する責任を委ねるのだと説明する。

（3）参加者に，以下の基準にあてはまる質問を削除するように言う。
  ・表現は仰々しいが，答が明らかな質問
  ・自分の知識をひけらかすような，知ったかぶりな質問
  ・知っても意味のないような非常に細かな点についての質問
  ・本やネットを調べれば答が出てくるような事実を聞いた質問
  ・少数の参加者にだけしか関係がないような個人的な質問
  ・他の質問と重複する同内容の質問（または，広い質問に含まれるような下位の質問）
参加者がこの作業を終えるまで，数分待つ。

（4）上記の質問を除外した質問群の中から，最初に聞きたい質問はどれかを，個人個人で選ばせる。
  この「最初の質問」は基本的なもので，次に続く質問は，さらに講義の内容がよくわかるようになるものであることが望ましいと言っておく。

（5）どれが最初の質問になるのか，一斉に番号を言わせる。参加者の声が大きくなって声が聞きにくくなるように，参加者をあおる。

（6）参加者が声を張り上げてうるさくなったら，一番人気の質問を，挙手さ

せて決める。

（7）質問に回答する。この時の解説は短く，的を絞って答えるようにする。参加者には注意深く聞いてメモをとるように言う。

（8）解説をした後，その要点を，一人ひとりが1文でまとめるように参加者に指示する。

（9）参加者に他の質問を読み返して，2番目の質問を選ぶように言う。その際には，最初の質問にすでに回答しているのだから，質問の重要性が以前とは変化しているかもしれないことを指摘しておく。
　同じように投票をして，第2の質問を選ぶ。

（10）上記（7）と（8）の手続きを繰り返す。
　次の質問も同じようにして選ばせる。

（11）最後の5分間は，新たな質問づくりのためにとっておく。
　この時参加者に作らせる質問は，もともとリストにあった方が良かったけれども，実際には入っていなかった質問である。

（12）参加者が質問を作ったら，そのうちの1つか2つを選んで，簡単に回答する。

　選ばなかった他の質問に対するフォロー：
　全部の質問に回答できない時，メールや自分自身のWEBサイトなどで，その他の質問に答える意思と時間があるなら，そこで短い回答をすると参加者に約束する。
　そういうことができない場合には，次にお目にかかる機会にでも回答しましょう，と言っておく。

注記：
「進め方」の（5）の手続きは，ゲームらしく，競争的にするための演出であるが，学校の教室などで実施する場合で，あまり大きな声を立てることが望ましくない場合や，参加者が積極的に参加しそうにない場合，挙手やその他の方法で，質問を選んでも構わない。

質問を選ぶ基準は変更してもらって構わない。筆者が実施しての印象だが，日本人の参加者は，「意見」と「質問」の区別がついていないことがある。すなわち，質問を書くように指示しても，質問になっていないことがある。これが懸念されるような場合には，次のような簡単な基準のセットにすることも考えられよう。

・質問ではなく，自分の意見を述べているもの
・質問になっているかどうか判断できないもの
・誰もが答を知っているような質問
・知っても意味がないような非常に細かな点についての質問
・他の質問と同内容の質問

簡単マニュアルラーニング（Open Book）

1. **目　　的**
   マニュアルや教科書の構成や体系がわかるようにする。

2. **参加者数**
   何人でも可。
   9人から30人が最適。

3. **所要時間**
   40分。

4. **用意するもの**
   教材（マニュアル，教科書など）
   インデックスカード（京大式カードか，やや小さいもの）：10枚×人数分
   ホイッスル
   タイマー
   あらかじめ準備した質問が書かれたカード（準備の項参照）
   板書できるもの（ホワイトボード，フリップチャートなど。記録用。なくても可）

5. **準　　備**
   使用する教材を読んで，参加者が思いつくようなクイズをいくつか考えておく。
   カードの表面にクイズそのもの，裏面にその答が書いてある教材のページを書いておく。
   （1枚のカードに1つの質問を書く）

6. 進 め 方

（1）参加者に教材を配る。

この後に行うクイズゲームの答がその中にあると説明しておく。

（2）参加者に，これからの10分間，1人ひとりが個人で「調査」作業を行うと伝える。

この「調査」では教材をざっと見て，その構成や体系を理解しておくことが大事であると言う。

ここでは教材をきちんと読んだり覚えたりする必要はないことも言っておく（10分）。

（3）参加者に1人10枚ずつ，白紙のカードを配る。

10分で，教材をもとに，5個以上10個以内のクイズを作るように指示する。

クイズ作りの注意点は以下の通り。

①1枚のカードに1つのクイズを書き，その裏に，その答が書かれているページ（番号）を書く。

②「ひっかけ」クイズを作らない。自分が答えやすいと思うクイズを考える（10分）。

（4）10分経ったら，4人から6人のチームを作らせる。

（5）チームができたら，お互いに作ったクイズを披露させる。

同じような内容のクイズがあれば除き，良いクイズを5つ選ばせる（5分）。

（6）すべてのチームから5枚ずつクイズのカードを集め，参加者にこれからクイズゲームをするという。

このゲームは，いわば教科書持ち込み可の試験のようなもので，教材のどこに答があるかを早く見つけて答えたチームがポイントを得ると伝える。

また，出てくるクイズは，参加者が作ったものに，ファシリテータが用意したものを加えたものであると伝える。

（7）ゲームを始める前に参加者から集めたクイズをざっと見て，あらかじめ用意してあるものとあわせ，良いもの10個を選ぶ。

教材の特定の部分にかたよらないよう，できるだけ違う箇所に関するクイズを選ぶように気をつける。

（8）ゲームは次のように行うと伝える。

①私（ファシリテータ）がクイズを読み上げる。

②どこに答があるか，チームで探す。

③わかったら立ち上がって答を言う。早いもの勝ちである。

④クイズの中には教材に書いてないことを問うているものもあるかもしれない。

それがわかった時には，立ち上がって「そんなことは書いていない」と言ってよい。これも早い者勝ちである。

⑤もし，答えた人の解答が間違っていると思った時には，他のチームの誰でも，その人に「ダウト！」ということができる。

⑥「ダウト」とは，正しいと思う答を言うことである。

⑦最初に立ち上がって答えた人が「ダウト」されず，かつ，その答が正しかった場合には，そのチームは2ポイントを獲得する。

答が正しくない時には，誰もポイントを獲得できない。

⑧最初に立ち上がって答えた人が「ダウト」されて，かつ，ダウトした人の答の方が正しい場合には，ダウトした人のチームが2ポイント獲得し，最初の解答者のチームが1ポイント失う。

⑨「ダウト」したのにもかかわらず，その答が間違いで，最初の解答者が正しかった場合，ダウトした人のチームは1ポイント失い，最初の解答者チームが2ポイントを獲得する。

（9）上記の手続きを参加者が理解したら，ゲームを始める。

最初の質問を読み，最初に立ち上がった人を指名する。

答を聞いた後，しばらく「ダウト！」と言う人がいないかどうか，待つ。

ポイントを確定する。各チームの得点を記録しておく（板書しておくとわか

りやすい)。

　必要だと思ったら，解答について正しいかどうか議論したり，参加者の思い違いを修正しておく。

　ゲームは 10 分行う。

（10）最も高い得点をとったチームを褒める。

　注記：

　①エクササイズ名の「Open Book」とは，文字通り，開いた本のように，容易にわかる状態を指している。（教科書持ち込み可の試験のことを「open-book exam」という）。このエクササイズは，「進め方」の（6）にあるように，「教科書持ち込み可の試験をするようなもの」というたとえを使えば，エクササイズのやり方がわかりやすくなるかもしれない。

　②「選ばれた質問」と同様，挙手に抵抗のある参加者の場合には，順に指名していくやり方でもよい。

誰が言ったの？（Who Said That？）

1. **目　的**
   参加者が予備知識を共有できるようにする。

2. **参加者数**
   3人〜7人。
   これ以上の人数になる時は，参加者をほぼ同じ人数のグループに分け，グループごとに同時進行とする。

3. **所要時間**
   10分〜20分。

4. **用意するもの**
   インデックスカード：人数×質問数（4または5）
   4つまたは5つの質問を書いた模造紙（フリップチャート）または，PPT（パワーポイント）スライド
   タイマー

5. **進め方**
   (1) 用意した質問を呈示する。

   (2) 参加者に白紙のカードを1枚とらせ，「1」とカードに書かせた上で，第1の質問に対する答を書かせる。
   同じことを他の質問についても繰り返す（カードには2，3・・・と番号を振っていく）。
   1枚の紙に書くのは1つの答のみである。
   答を書いたら，テーブルの中央に裏向けておいておくように言う。

（3）全員が書き終わったら，テーブルのカードをよく混ぜて切り，できるだけ均等な枚数になるように配らせる。

（4）これから行うことの制限時間は10分であると告げてから，タイマーをスタートさせる。

（5）グループの1人にカードを表向けて読み上げるように言う。2回以上繰り返して読んでも良い。

ただし，誰が書いたかわからないようにするため，カードそのものを他の参加者に見せないよう，注意しておく。

（6）カードを読み上げた人以外の全員が，誰がそのカードを書いたか推測する。それを紙に書き留める。

カードを書いた本人は自分の名前を書く。

（7）全員が書き終えたら，みんなで予測を言い合う。

書いた本人が正解（「自分である」）を言う。

正しく推測した人は1ポイントを獲得する。

読み終えたカードは表向きにしてテーブルに置いておく。

（8）次の人が上記（5）から（7）を同じように繰り返していく。3人目以降も同じである。

（9）1つの質問に対して，1枚しかカードが残っていない状況になったら，そのカードは読み上げるだけにして，テーブルの中央に表向けておくだけにする。そして，次の人が新しいカードを読む。

この時にポイントはカウントしない。なぜならば，誰が書いたかは残り1枚の時点で自明だからである。

（10）10分経ったらゲームを終了する。一番ポイントを獲得した人が勝者と

なる。

(11) 終了する際に，裏向けたカードが残っていたら，それを読み上げて誰が書いたかを明らかにしておく。

準備する質問について：

準備する質問は，これから行う講義に関するものであって，正解が1つに定まらないようなものが望ましい。講義やワークショップを始める前に，参加者の予備知識や考え方を把握するのに向いているエクササイズである。

以下に，Thiagiが「ネットを使った学習」についてワークショップを実施した際の質問を挙げておく。

1. このワークショップに参加した第一の理由は何ですか？
2. このワークショップについて，不安に思うことの主なものは何ですか？
3. あなたのインターネットについての知識はどの程度か，自分自身で評価してください。
4. どんなコンピュータを使っていますか？
5. Webページについて思うことを教えてください。

質問を工夫すれば，ワークショップの後期にディブリーフィングのエクササイズとして使うこともできる。

たとえば，ディブリーフィングに使う時には，以下のような質問のセットが考えられるだろう。

1. 今日の実習（講義）で一番印象に残ったことはなんですか？
2. 今日あなたが得た新しい知識はなんですか？
3. もっと勉強してみよう，とか，もっと知りたいと思うようになったことをあげて下さい。
4. 今日学んだことを，これからどのように使って行こうと思いますか？
5. 全体として，今日の実習（講義）は，どのくらいためになったか，評価して下さい。

なぜなのか？（Why）

1. **目　　的**
   課題（講義）に関連する内容を思い出して確認する。

2. **参加者数**
   3人以上何人でも可。
   10人〜20人が最適。

3. **所要時間**
   7分〜15分。

4. **用意するもの**
   ホイッスル
   インデックスカード（京大式カードか，またはやや小さいもの）：参加者数分
   筆記用具

5. **進 め 方**

（1）参加者にカードを渡し，課題（講義内容）に関する質問を1つ考えるように指示する。
　ただし，質問は，必ず「なぜ〜？」という（理由を問う）形式でなければならない（2分）。

（2）全員が，そのカードを左隣の人に渡す。
　右隣の人から受けとったカードに書かれている質問についての解答を考えさせる。
　解答は必ず「なぜならば〜」という形式でなければならない。
　また，ここで考えた解答を声に出したり，カードに書いたりしてはならない

と指示する（1分）。

(3) 手元にあるカードを裏返しにし，無記入の面を上向けにして左隣の人に渡す。

右隣の人から回ってきたカードの無記入の面に，先ほど自分が考えた「なぜならば～」で始まる解答を書く。

ここで書く解答は，前のカード（手順(2)）に対するものであることを参加者に注意をする。

したがって，ここで手元にあるカードを表向けて質問を読んだりしてはならない（2分）。

(4) 質問と解答が書かれたカードを左隣の人に渡す。

右隣の人から受けとったカードの質問と解答を読み上げる。

質問と解答は一致していないはずなので，そのおもしろい組み合わせを楽しむような雰囲気を作る。

最もおもしろい組み合わせの質問と解答を選ばせる。

注記：

おもしろい組み合わせで笑ったりしながらも，参加者に講義の内容について深く考えさせることができるエクササイズである。本来無関係なはずの質問と答の組み合わせの中に，意外にも関連が見いだせたりするからである。

追加の課題として，本来の正しい質問と答の組み合わせを確認しても良い。

簡単ディベート（Both Sides）

1. 目　的
対立する意見を，長所と短所を比較することによって理解する。

2. 参加者数
何人でも可。
ただし，3人1組を作るので，3の倍数が望ましい（3の倍数でなくても実施できる。「進め方」(3) 参照）。

3. 所要時間
30分〜1時間。
（取りあげる問題点の数や，それぞれの議論にどのくらい時間を使えるかによって変動する）

4. 用意するもの
ホイッスル
タイマー

5. 準　備
(1) 議論したいテーマを選ぶ。

(2) そのテーマに関連する対立する意見（指針，アドバイスなどでもよい）を並べたリストを作る。
　このエクササイズでは，12ペア以上の対立した意見を用意しておけるかどうかが成功の鍵となるので，十分な数を用意すること（末尾の例参照）。

6. 進 め 方
(1) 議論したいテーマを参加者に紹介する。

第 2 章　対話的学習法の紹介　　**63**

（2）そのテーマに関連する対立する意見（指針，アドバイスなど）を挙げる。

それぞれの意見の正しさは状況によって変わることを，これから議論すると言う。両極端な意見や矛盾する意見同士を比べてみることが，状況のどの要因が影響するのかを理解するのに役立つ，ということを強調しておく。

（3）参加者を 3 人 1 組に分ける。

2 人余った場合は，ファシリテータが参加して 3 人 1 組を作る。

1 人余った場合は，観察者役になってもらう。

（4）3 人組の中で，ファシリテータに最も似ていると思う人を決めてもらう。

その人は，第 1 ラウンド（後述）で「中立的な聴き手」になる。

残りの 2 人は，どちらか一方が「赤」派，もう一方が「青」派になる。

最初に「赤」になった人が，次のラウンドでは「中立の聴き手」になると知らせておく。

（5）中立な聴き手の役割を，次のように説明する。

a. 青派と赤派の真ん中に座り，両者が意見を言うのを聞く。

b. 両者が説明している時には，話している相手に視線をやったり，うなずいたり，笑顔で応じたり，あるいはその他の「積極的に傾聴する」ことにつながる非言語的行動をしなくてはならない。

c. しかし，自分の意見は言わないでおくこと，また両方の意見を同じような熱心さで聞くことが重要である。

（6）対立する意見のどちらかに，残りの 2 人をそれぞれ割り当て（青派，赤派），次のように役割を説明する。

a. それぞれが，自分の意見を支持する議論と相手への反論を考える。

b. 15 秒経ったら，中立な聴き手は，どちらか一方を指名する。

c. 指名された方が考えたことをまとめて発表する。時間は 60 秒。

d. 次に，もう 1 人が考えたことをまとめて発表する。時間は同じく 60 秒。

64 第 3 部 対話的学習法

（7）参加者に対して，議論するテーマについての対立する意見の最初のペアを呈示する。

赤か，青，どちらかに一方の意見を割り当て，他方にもう一方の意見を割り当てる。

（8）両者に考えをまとめるように言ったら，15 秒待つ。

（9）15 秒経ったらホイッスルを吹き，中立な聴き手に，発表者を指名するように言う。

（10）60 秒経ったらホイッスルを吹き，もう一方が発表するように言う。

（11）60 秒経ったらホイッスルを吹き，全体の中から 1 人，中立な聴き手を指名して，そのグループでどのような発表が行われたかを要約して話してもらう。

（12）2 ラウンド目を行う。

ここで 3 人の役割交替をする。1 ラウンド目に赤派だった人に，中立な聴き手の役割をしてもらう。

青派の人は，赤派になる。中立な聴き手は青派になる。

（13）上記（7）から（11）を繰り返す。

（14）3 ラウンド目以降も役割を交代して，（7）から（11）を繰り返す。

（15）全部のペアについて議論を終えたら，用意した以外で他に対立するような意見のペアはないか，参加者に聞いてみる。

もし新しい意見のペアが出てきたら，同じように（7）から（11）をやってみても良い。

(16) 最後に，どのようにすれば対立する 2 つの意見を創造的に考えて見つけ出し，統合することができるのかについて，全員で議論する。

注記：
中立な聴き手以外の役割は原文では「右」(right) と「左」(left) というように位置関係を示しているが，位置によらずわかるように，色で識別した（青派，赤派）。両者が区別できれば良いので，どのような命名でも構わない。

議論のテーマと対立する論点の例：

テーマ「良い学習方法」

講義方式 vs 参加型学習

楽しく学ぶ vs まじめに学ぶ

集中して勉強する vs 毎日少しずつ勉強する

書いて覚える vs 口に出して覚える

理論を学ぶ vs 実践的に学ぶ

一人で勉強する vs 友達と一緒に勉強する

早起きして勉強する vs 夜に勉強する

個室で勉強する vs 食卓で勉強する

最初にある程度暗記する vs 理解してから暗記する

予習の方が重要 vs 復習の方が重要

教材の内容が重要 vs 教授方法が重要

どの先生に教わるかが大事 vs どういう仲間と学ぶかが大事

仲間と協力して学ぶ vs 仲間と競争しながら学ぶ

エッセンス（Essence）

1. **目　　的**
   概念，原則などの学習した事柄を覚え，適切に表現する。

2. **参加者数**
   何人でも可。
   15人〜30人を3人から5人ずつのグループに分けるのが最適。

3. **所要時間**
   30分程度。

4. **用意するもの**
   インデックスカード（京大式カード程度の大きさ）。参加者数分＋グループ数×4
   タイマー
   ホイッスル

5. **進 め 方**
（1）重要な点を正確に5行でまとめて書くように指示する。1行多くても少なくてもだめである。
　制限時間は3分。

（2）3分経ったらホイッスルを吹き，各グループに発表させる。
　他のグループが発表している間，良い表現やアイディアがあったら後で自分たちでも使うことができるように，注意して聞くように指示する。

（3）全グループの発表が終わったら，どのまとめが一番良かったか，挙手で決定する。

1人が2回以上手を挙げないように，また自分のグループには挙手しないように注意する。

一番得票の多かったチームを選ぶ。

（4）各グループの要約についてコメントする。

重要な点を指摘し，思い違いがあると思われる点は修正する。

抜けている重要な点があれば指摘する。

（5）正確に3行でまとめ直すように指示する。

他のグループの表現やアイディアで良かったと思うところがあれば，積極的に活用するように言う。

最も重要な点に注目し，相対的に重要でないところを省き，冗長な表現を見直すように指示する。

制限時間は3分。

（6）上記（2）～（4）の手続き（要約の発表と評価）を繰り返す。

（7）正確に1行でまとめ直すように指示する。

制限時間3分。

（8）上記（2）～（4）の手続き（要約の発表と評価）を繰り返す。

（9）1つの単語で，簡潔にメッセージが伝わるように，まとめるように指示する。

制限時間1分。

（10）グループではなく，個人で重要だと思うことをまとめる。ここでは，行数文字数等，制限はしない。

制限時間2分。

(11) 2 分経ったらホイッスルを吹いて，終了したことを伝える。

注記：
英語版のオリジナルでは，16 ワード（16 words.3 分）→ 8 ワード（3 分）→ 4 ワード（2 分）→ 2 ワード（1 分）（括弧内はいずれも制限時間）となっているが，日本語の性質を考慮して行数制限に変更した。制限を行数ではなく，文字数で課しても可。

時間と文字数（行数）の制限が重要なので，1 行の文字数が多くならないように，配布するカードの大きさは大きくない方が望ましい。

575 のような，定型的な文字数でまとめるような手法も可能である。

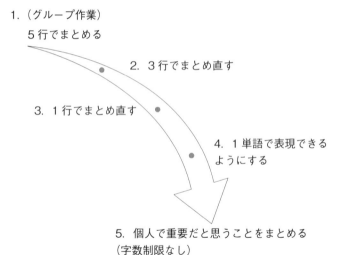

図 3-2-1　エッセンスの手続き概略

> **実施のヒント**
>
> 「エッセンス」に限らないが，手続きが覚えきれないと思われる場合には，手続きを1行ずつカード化して用意しておくことを勧める。筆者（吉川）の場合は，京大式カードか，横長のカードに1手続き1枚の要領で書いておき，1進行ごとにめくっていく方式にしている（写真3-2-1参照）。「エッセンス」の場合なら，「5行でまとめる」「グループで発表する」「よい発表を表彰する」「3行でまとめる」……というように作っていく。これは，進行に漏れがないように作るものなので，1つ1つの手続きを詳細に書いておく必要はむしろない。

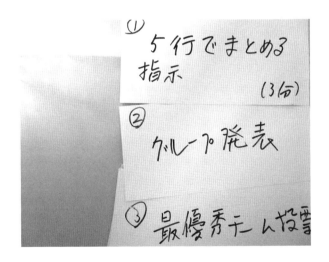

写真3-2-1　手続きをカードにしたものの例

ごちゃ混ぜ文（Mixed-up Sentences）

1. **目　的**
   講義の内容を確認し，重要な点を要約する。

2. **参加者数**
   何人でも可。3人〜5人のグループに分ける。
   15人から30人が最適。

3. **所要時間**
   45分程度。

4. **用意するもの**
   講義の重要な点を要約した文のリスト（1文だけ抜いておく。順序も並べ替えておく）。
   紙とペン
   タイマー
   ホイッスル

5. **進め方**
（1）講義を行う。その際，参加者にはメモをとるように言っておく。

（2）参加者を3人〜5人のグループに分ける。これから，各自のメモをもとにしながら，グループで議論すると伝える。

（3）参加者に重要な点を要約した文のリストを配布する。
　配られた文の順序は講義の内容に従っていないこと，1つ重要な文が抜けていると説明する。

(4) グループで，抜けている1文が何かを議論し，それを作文させる（5分）。

(5) 5分経ったらホイッスルを吹き，各グループが作った文を発表させる。

(6) 抜けている文について解説する。グループの発表の中で不明瞭な点や誤解があればここで修正する。

5番目の文は？（Fifth Sentence）

1. **目　的**
   講義の内容を思い出し，重要な点を要約する。

2. **参加者数**
   2人以上何人でも可。
   12人から30人が最適。

3. **所要時間**
   講義の時間＋（プラス）5分×チーム数。
   例：20分の講義で3チームあるならば20分プラス15分（5分×3チーム）で，35分。

4. **用意するもの**
   ホイッスル
   紙
   筆記用具
   タイマー

5. **進め方**
   (1) 講義を行う。10分から20分程度。

   (2) 参加者を2つ以上のチームに分ける。
   1つのグループの人数は1人以上7人まで。

   (3) 各チームに，講義の重要な点を5つ挙げて，5つの文を作るように指示する（3分）。
   5つの重要な点には重複があってはならないことを強調する。

第 2 章　対話的学習法の紹介　　73

　(4) 任意の 1 チームを指名し，5 つの文のうち，4 つを順不同で読み上げさせる。

　他のチームには，それをよく聞いて，読み上げられなかった 5 番目の文が何であるかを考えさせる。

　(5) 他のチームに，5 つめの文を書くように指示する。

　全チームが書き終わったら，順番に読み上げさせる。

　(6) 4 つの文を読み上げたチームに，自分たちが考えた 5 つ目の文に最も近かったのはどのチームかを決めさせる。

　最も近かったとされたチームは 1 ポイントを得る。

　(7) 上記 (4) ～ (6) の手続きを全チームに対して行う。

バリエーション

　① 5 つの「文」ではなく，「キーワード」を挙げさせることもできる。

　②講義をする代わりに，資料を読ませてこのエクササイズを行うこともできる。

　③上記 (4) ～ (6) の手続きを，全部のチームでなく代表する 1 つだけのチームに対してだけ行うと，時間短縮ができる。

　注記・

　全体で一斉に行わず，教室全体を偶数チームに分けることができるのならば，「進め方」の (4) ～ (6) の部分を 2 チーム対抗とすることができる。この場合，得点を競うようなゲームにはできないが，全体としての実施時間を短縮することはできる。

復習ルーレット（Review Roulette）

1. **目　　的**
   学んだ内容を復習する。

2. **参加者数**
   6人以上何人でも可。
   12人から30人が最適。

3. **所要時間**
   20分〜45分。

4. **用意するもの**
   インデックスカード（京大式カードくらいの大きさ）：50枚×グループの数が目安。多めに用意する。
   大きい封筒（カードを入れる用）
   ホイッスル
   タイマー

5. **進め方**

このゲームは3つのパートから構成される。以下に第1部，第2部，第3部として紹介する。

■ **第1部：クイズ作り（10分〜15分）**

（1）参加者を5人から7人のチームに分ける。全チーム同じ人数でなくても良い。

（2）各チームに白紙のカードを配り，習ったことについてのクイズを30以上作るように指示する。

カード1枚につき，1つのクイズを書き，裏に正解を書く。

クイズ作りの注意点は以下の通り。
①習ったことのうち，重要だと思う点についてクイズを作る。
②「ひっかけ」の設問や，面白おかしいクイズ，非常に細かいところを尋ねるクイズ（トリビアクイズ）は作らない。
③単なる記憶テストのようなクイズは避ける。また，意見を聞くような質問も作らない。
④短く答えられるようなクイズを作る。単純に正しいか間違いかを聞くようなクイズや，逆に長文の解答を要求するようなクイズは作らない。
⑤正解はカードの裏に書く。ただし，複数の正解があると思う場合には，それらはすべて列挙しておく。

（3）10分〜15分の制限時間を伝え，時間が経ったらホイッスルを吹く。

■ 第2部：クイズの配布
（1）各チームに任意の6枚のカードを選ばせ，その裏の正解の下に，「もう1回チャンス！」と書かせる。

（2）別の任意の6枚のカードを選ばせ，カードの<u>両面</u>に「1回休み」と書かせる。

（3）各チームに封筒を配り，カードをよく切って，クイズが書かれている面を上向けて封筒に入れるよう指示する。

（4）クイズのカードセットが入った封筒を隣のチームに回すよう指示する。

■ 第3部：ゲーム（10分）
（1）これから行うゲームは，各チーム内で10分で行うと伝える。
ゲーム終了時点で，最も多くのカードを持っていた人がそのチームの中での

勝利者となる。

（2）各チームの中で最初のプレーヤを決める。

この後プレーヤは順にカードを引いていくが（たとえば時計回り），カードの
セットは封筒の中に入れたままで，1枚ずつ封筒からカードを取っていく。

（3）最初のプレーヤは封筒の中から一番上のカードを取り，クイズが書かれ
ている面を上にしてテーブルに置き，問題を読み上げ，答を言う。この時，裏
の解答がみえないように注意する。

（4）プレーヤが解答を言ったら，チーム全員でカードを裏向け，正解かどう
かを確認する。

正解である場合には，そのプレーヤがカードを獲得する。

正解でない場合には，そのカードはテーブルの別の場所によけて置いておく。

（5）以降のプレーヤも同様に，順番にゲームを進めていく。

ただし，「もう1回チャンス！」とカードの裏に書かれていたら，同じプレー
ヤがもう一度別のカードを取って解答する。

（6）「1回休み」と書かれているカードを引いたプレーヤがいた場合，そのプ
レーヤを飛ばして，次のプレーヤの番となる。

（7）他のプレーヤの解答に「ダウト」することもできる。

すなわち，解答が間違っていると思う場合，「ダウト！」と言った上で，自分
の考える正解を言う。これは早い者勝ちである。

カードを裏返して，どちらのプレーヤの答が正解かを確認する。

a. ダウトされたプレーヤの答が正しい場合には，

　　ダウトされたプレーヤは，そのカードと，ダウトした人の手持ちのカード
　　から任意の1枚をもらって，計2枚のカードを獲得する（相手からもらう
　　カードはいわば「ペナルティカード」である）。

b. ダウトした人の答が正しい場合には，
　ダウトしたプレーヤは，相手のカード手持ちから1枚もらい，もとのカードとあわせ，計2枚のカードを獲得する。

ただし，どちらの場合であっても，相手のプレーヤが手持ちのカードをもっていない場合（すなわち，前のラウンドでカードを獲得していない場合），その相手からカードを取ることはできない。

(8) すべてのカードを引いたら，または，10分経ったら，ゲームは終了する。この時，最も多くのカードを持っているプレーヤが勝利者となる。

注記：
ゲームの中で「ダウト」をかける部分があるので，実施中は少し会場（教室）が騒々しくなる場合がある。他の会場（教室）に対して，音が気になる場合は，ルールを変更して実施するなどの工夫も考えられよう。

ことばと絵(Words and Pictures)

1. **目　的**
   配布資料を見返す。

2. **参加者数**
   8人または，それ以上。4チームに分ける。各チーム2人〜6人とする。24人以上参加者がいる場合には，6チーム以上（ただし，チーム数は偶数とする）に分ける。

3. **所要時間**
   最初の講義時間を除いて20分〜30分程度。

4. **用意するもの**
   配布資料：参加者1人1枚ずつ
   「ポスターコンテスト要領」を書いた紙：各チームに1枚（「ことばのみ」と「絵のみ」の2種）
   模造紙（またはフリップチャート）：各チームに1枚
   太字のペン（フェルトペンなど）
   タイマー
   ホイッスル

5. **進め方**
   (1) 参加者に配布資料を配る。
   あとでコンテストをするので，きちんと読んでメモをとるように言う。
   配付資料を使いながら，講義（プレゼンテーション）を行う。

   (2) 参加者を4チームに分ける。チームに多少の人数の差があっても構わない。

第 2 章　対話的学習法の紹介　　**79**

チームで，配布資料を簡単に読み返すように指示する。

（3）半分の 2 チームに（全体で 6 チームの場合は 3 チーム），以下の「ことば
のみ」の指示を書いた「ポスターコンテスト要領」を渡す。

「ポスターコンテスト要領」
皆さんの課題は，配布資料の重要な点を書いたポスターを作ることです。
ルールは 4 つです。
①模造紙（またはフリップチャート）1 枚でポスターを作ります。
②ポスターに書いていいのは文字のみです。絵や図は使ってはいけません。
③チームメンバー全員がポスターづくりに参加しなければなりません。
④作成時間は 5 分です。

残り 2 チーム（全体で 6 チームの場合は 3 チーム）には，以下の「絵のみ」
の指示を書いた「ポスターコンテスト要領」を渡す。

「ポスターコンテスト要領」
皆さんの課題は，配布資料の重要な点を書いたポスターを作ることです。
ルールは 4 つです。
①模造紙（またはフリップチャート）1 枚でポスターを作ります。
②ポスターに書いていいのは絵や図，シンボルのみです。文字（数字も含
　む）を使ってはいけません。
③チームメンバー全員がポスターづくりに参加しなければなりません。
④作成時間は 5 分です。

（4）各チームに指示をきちんと読むように言う。制限時間は 5 分であること
を強調する。

（5）太字のペンを配布して，ホイッスルを吹き，作業を始めるように言う。
5 分の作業の間，途中で適宜残り時間をアナウンスする。

(6) 5分経ったらホイッスルを吹き,作業終了を宣言する。

(7)「ことばのみ」ポスターを壁に2枚(または3枚)並べて貼り,「絵のみ」のチームのメンバーを立ち上がらせて,読み比べるように言う。
1分ほど経ったら,どのポスターが良いか,挙手か拍手で意思表示させる。

(8) 同じことを,「絵のみ」ポスターでも行う。
この時の評価する側になるのは「ことばのみ」チームのメンバーである。

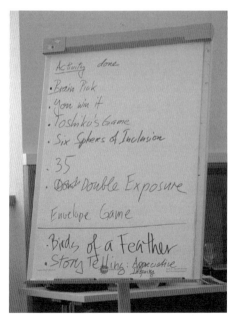

写真3-2-2　フリップチャート

(9) 参加者全員に席に戻るように言う。

(10) 4枚（6枚）のポスターを前に並べて，それぞれの良い点を挙げさせ，それらをまとめて1枚のポスターにしたらどうなるか，短く議論する。

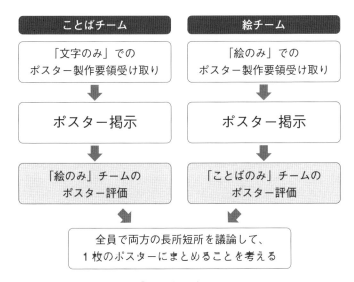

図 3-2-2 「ことばと絵」の手続き概略

3で切り取る「時の風景」(Timescapes in Threes)

> 1. **目　的**
>   新しく学んだスキルや概念が与える影響を,「3」をキーワードにして風景のように思い浮かべる。
>   スキルや概念の適切な活用方法を計画する。
>
> 2. **参加者数**
>   何人でも可。
>
> 3. **所要時間**
>   20分～30分。

4. **進 め 方**

(1) 参加者を2人ずつペアにする。

　参加者には,このペアで質問について議論し,回答してもらうことになると説明しておく。

(2) 参加者に1つめの質問をする。質問は以下の通り。

「今から30年後,ここで学んだ新しいスキルや知識は,どういう成果を生むと思いますか?」

　参加者に対しては,この作業を短い時間でやること,影響は個人の生活だけではなく,職業上の影響や組織,社会,あるいはもっと広い領域への影響をも考えてみるように言う。

(3) 2分経ったら,1人発表者を募って,2人でどんなことを話したかを紹介してもらう。

　紹介が終わったら,拍手を送り,もう1人発表者を募って,同じことをしてもらう。

第 2 章　対話的学習法の紹介　　**83**

（4）2 つめの質問をする。

「今から 3 年後，ここで学んだ新しいスキルや知識を応用して，どういう成果を得たいですか？」

（5）2 分経ったら，上記（3）と同じようにプレゼンをしてもらう。

（6）同じことを，以下の 3 つの質問について行う。

「今から 3 ヶ月後，ここで学んだ新しいスキルや知識を最大限に活用するために，何をしなければならないと思いますか？」

「今から 3 週間後，ここで学んだ新しいスキルや知識を最大限に活用するために，何をしなければならないと思いますか？」

「今から 3 日後，ここで学んだ新しいスキルや知識を最大限に活用するために，何をしなければならないと思いますか？」

（7）以下の質問の答を，1 人で考えるように指示する。

「今，これから 3 分の間に，ここで学んだ新しいスキルや知識を将来しっかりと活用するために，何をするべきだと思いますか？」

（8）3 分後に，何人かの参加者に考えたことを発表してもらう。

（9）参加者に，これから 3 分間時間をとるので，先ほど考えた「3 分間でやること」をやってみるように言う。

この 3 分間，音楽をかけておくと良い。

（10）実際に 3 分でできたかどうか，振り返ってもらう。

友達への葉書（Postcard to a Friend）

1. **目　　的**
   講義（ワークショップ）内容を振り返り，自分が大事だと思うところを明らかにする。

2. **参加者数**
   3人以上何人でも可。

3. **所要時間**
   15分〜30分。

4. **用意するもの**
   ホイッスル
   葉書大のカード（参加者数分）
   模造紙またはフリップチャート用紙：グループ数分
   太字のペン（フェルトペンなど）：各色多めに用意する。

5. **進 め 方**
（1）参加者に，以下のような話をする。厳密にこの通りのことばづかいでなくて構わない。
「あなたは友達から，今日のワークショップ（授業）に自分も参加したいと思っていると言われました。その友達は，今日の内容がどんなものだったか知りたがっています。
友達に，葉書を書いて，今日の内容を紹介してください。その際，自分が重要だと思うポイントを2つ選んで書いてください。」

（2）葉書大のカードを参加者に配って葉書を書かせる（5分）。
早く書けた人は，余白にイラストを描いたりしても良いと言っておく。

(3) 葉書を回収した上で，3人～7人のグループに分け，自分が葉書に何を書いたかを話し合わせる。

(4) グループで1つの大きな葉書を作らせる。
模造紙またはフリップチャート用紙を横長に使い，大きな文字で書かせる（5分）。

(5) 全グループの葉書が完成したら掲示して，全員で歩き回って読む。

バリエーション

回収した葉書は，作成者の許可を得た上で，次の講義（ワークショップ）の導入に使うこともできる。たとえば，「これから行うワークショップはこんなものです」と掲示したり，口頭で紹介したりする。

第4部　ゲーム

第1章
ゲームとは何か

　ここでは，ルールに意味があるゲームを紹介する。まず，第2章では，ゲームで扱うコンテンツがルールと密接に関係しているものを紹介する。ゲームで扱われるコンテンツは，ある特定の学習目標（たとえば偏見や排斥を学ぶ，など）に関連している。第3章に紹介するゲームでは，ルールとコンテンツはそれほど結びついていない。むしろ，対話的学習法に近いが，ゲームの進行の中でコンテンツが作られていく点が，コンテンツを用意する対話的学習法とは異なっている。

　第2章では，特に筆者の専門である社会心理学の理論や概念を扱うゲームを中心に紹介する。表4-1-1に主なテーマを示したが，この他にもさまざまな概念を学ぶことができる。順序については，ワークショップの初期に使いやすいものから，後期に使いやすいものの順に並べた。偏見や排斥を扱ったエクササイズは，参加者にとって心理的に抵抗があるものが多いので，これらの実施後に「心遣い」のような肯定的な感情を引き起こすエクササイズを実施することを勧める。

　以下に簡単な紹介をしておくので，選択の際の参考にしていただければ幸いである。

　「自己紹介」は，自己紹介をクイズ形式にしたもので，簡易に実施できるものである。聞き流されがちな自己紹介に参加者を集中させる効果がある。

　「一番良い写真」は，ある単語に合う写真を選ぶという簡単な課題を，市販のカードゲームの「DIXIT」に似たルールで行うものである。どのような単語を素材にしても良いが，平和や信頼などの，抽象的な，議論しにくい概念の方がむしろ向いている。写真を介在させているので，何もなければ話しにくいこれ

第 1 章　ゲームとは何か　**89**

表 4-1-1　第 2 章のゲーム

エクササイズ名	テーマ
自己紹介	他者について知る
一番良い写真	他者について知る
1000 円オークション	中毒行動
エクストリーム三目並べ	記憶，協力
先週のできごと	記憶と情緒
性格診断	バーナム効果
会話	対人認知における仮説確証
リストラ	チームワーク，排斥
自由時間	排斥，偏見，ダイバーシティ
メンバー交換	チームワーク
心遣い	異文化接触

らの概念についても，話しやすい雰囲気を作ることができる。

　「1000 円オークション」は，ゲーム理論の「ドル・オークション」を扱ったものである。ドル・オークションとは，ひとたび参加すればおりることが難しくなるオークションである。中毒（依存）行動も同じ仕組みで説明できるため，本書では Thiagi が紹介しているとおり，「中毒行動」を扱うものとして紹介した。現実の例として，ギャンブルや薬物中毒などを例示すると良いだろう。もちろんゲーム理論の紹介のために使っても良いし，サンク・コスト（sunk cost）などの概念もあわせて紹介しても良い。

　「エクストリーム三目並べ」は，3 × 3 の盤を見ずに対戦するゲームである。すなわち，プレーヤは盤の状態を記憶しながらゲームをしていかなくてはならない。やってみるとわかるが，これが意外と難しいものなので，原題の「Audio Tic-Tac-Toe」を「エクストリーム三目並べ」と意訳した。

　「先週のできごと」は，過去のできごとの思い出し方の違いが，現在の感情に影響することを体験できるエクササイズである。質問紙は読者が自作されても構わないが，本書の読者にはダウンロードサイトからダウンロードできるようになっている。

　「性格診断」は，バーナム効果（Barnum effect）を扱ったものである。バー

ナム効果とは，誰にでもあてはまるような性格の記述を，自分にあてはまると考える現象を指す。現実にある例として，たとえば血液型性格判断や星座占いを信じるのは，このメカニズムが働いていると考えられている。それらしい記述を「性格診断用紙」として準備する必要があるが，1つの例を「先週のできごと」と同じように，サイトからダウンロードできるようにしてある。

「会話」は，対人認知における「仮説確証バイアス」(hypothesis-confirmation bias) を体験できるエクササイズである。仮説確証バイアスとは，最初に相手がどういう人かについての「仮説」を持つと，それ以降の情報を，最初の仮説にあうように解釈していくという認知バイアスを指している。結果として，最初に持った仮説は修正されることなく，確証されていく。なお，この課題は筆者（吉川）らによって開発された「面接かぶと」（加藤・吉川，2005）をもとに，Thiagi がより簡易に実施できるように改変したものである。

「リストラ」は，組織のメンバーを取り除く過程を入れることによって，チームワークと排除について考えることができるようになっているゲームである。活動としては，パズルをチームで解き，それを監督者が評価するというものであるが，実際に評価が低いメンバーをチームから減らしていくので，参加者の反応をみながら，慎重に実施していく必要がある。また，ディブリーフィングを長く取り，この問題について十分に議論できるようにしておく。使われているパズルは，ダブレット（Doublet, 第5部第2章参照）という，「不思議の国のアリス」の作者ルイス・キャロルが発案した単語パズルである。英語の単語に不慣れな参加者である時には，別のパズル課題に置き換えて実施して構わない。

「自由時間」は，休憩時間を使って，ある特定の特性を持った人を排除する経験をするゲームである。異文化体験や偏見などのテーマに結びつけて実施，議論するのに向いている。ゲーム中半数の参加者が無視されたり排斥されたりする経験をすることになるので，ディブリーフィングを十分に行うことが重要である。

「メンバー交換」は，チームのメンバーが替わるという体験を通して，チームワークについて学ぶゲームである。会社の中で，頻繁に部署のメンバーが入れ替わることをシミュレートしているものである。ゲーム進行中に，チームの中からメンバーがいなくなるという状況が起こるので，ディブリーフィングでそ

のことについて十分議論しておく必要がある。

「リストラ」から「メンバー交換」までは，何らかの形で参加者の一部を排除するプロセスが含まれているので，参加者の特性がよく理解できるようになったワークショップ（または講義）の後期で実施する方がより効果的である。どれもディブリーフィングが重要であることは言うまでもないが，これらのどれかを実施した後，「心遣い」のような，異なる人の良い面に着目するようなエクササイズを続けて実施することで，参加者の気分を好転させることもできる。もちろん，「心遣い」は単独で，異文化理解のためのゲームとして利用することもできる。

第3章では，アイスブレークやディブリーフィングにも使えるものも含めて紹介していく。表4-1-2にその一覧を掲載した。

「修了証」は，ワークショップの最後に，「自分のものではない」修了証をお互いに渡しあうというエクササイズである。本来の持ち主に対して，ワークショップの間に知り得た情報や感じたことを伝える過程が入っているので，ワークショップ中に，他の参加者について知り合おうという動機づけが生まれるようになっている。ワークショップの最後にコメントをつけて渡すという本来のやり方とは別に，最初に修了証を渡しておく実施方法も紹介しているので，使いやすい方で実施いただいて構わない。

表4-1-2　第3章のゲーム

エクササイズ名	テーマ
修了証	参加者同士について知り合い，訓練の終了を祝う
アイディア倍増	問題の解決策の発見と評価
封筒	問題の解決策の発見と評価
「やっている」と「やっていない」	参加者同士で良いやり方を共有する
「誰」が「なぜ」	信頼を高める要因を明らかにする
3人組	物や手法の長所と短所を考える
ムードチェック	ワークショップ後の感情について議論する
人間リッカート法	ワークショップ後に意見や感情を共有する
人間すくい	ワークショップ後に意見や感情を共有する

「アイディア倍増」は，問題の解決策を考えるエクササイズである。ブレーン・ストーミングに近い手法と考えていただいて構わない。ブレーン・ストーミングとの違いは，参加者が考えるアイディアは１つで良いということである。しかし，グループになって，それらを共有していく過程で，たくさんのアイディアを考えることができるというものである。

「封筒」は，解決策を議論するためのエクササイズである。「アイディア倍増」と同じく，ブレーン・ストーミングに近い手法である。ただし，「アイディア倍増」では，１回に１つの問題についての解決策を検討するが，「封筒」では複数の問題についての解決策を検討する。創造的な解決策の発見という目的は同じなので，教育訓練の目標に応じて，どちらかのエクササイズを選んでいただければと思う。第１部第１章で述べたように，「封筒」は，フレームゲームとして使うことも可能である。

「「やっている」と「やっていない」」は，ある望ましい特性や行動をしている人（たとえば，信頼できる人，リーダーシップのある人など，何でもよい）が「やっていること」と「やっていないこと」をリストアップする作業を経ることによって，その望ましい行動をとるのにはどうしたら良いか，良い方法を見つけるというエクササイズである。次の「「誰」が「なぜ」」も同じ目的のために実施できる。

「「誰」が「なぜ」」は，信頼を高める要因について，具体的な人について考えたことをもとに，信頼できる理由とできない理由をリストアップし，それを他の参加者と共有して検討していくエクササイズである。本書では，「信頼を高める要因」を課題としたが，手続きに注記したように，どのような課題であっても実施可能である。前述の「「やっている」と「やっていない」」と似ているものなので，使いやすい方を使っていただければと考えている。

「３人組」は，物や手法（やり方）の長所や短所を考えていくエクササイズである。また，単に長所や短所を考えるだけではなく，それらを考えた上で，実際に短所を減らして活用するにはどうするか，その活用のアイディアを発見するということも手続きの中に入っている。

最後に取りあげる３つは，ディブリーフィングの際に使いやすいと筆者が考える手法を並べてある。それらは，「ムードチェック」，「人間リッカート法」，

「人間すくい」である。本書で紹介するどのエクササイズも，ディブリーフィングを行うことは，学習や訓練の効果を高めるのには不可欠である。しかし，ディブリーフィングで感想や意見を言うことは，特に能動的な活動に慣れていない参加者にとっては，難しい場合が少なくない。Thiagi のこれらの手法には，ディブリーフィングもゲームにして，参加する障壁を下げようというねらいがある。

　具体的には，「ムードチェック」は，他の参加者の感想を予想するというエクササイズである。自分の感想を直接述べるのではなく，多数派の意見を推測するという過程の途中で，自分の感想も自然と述べやすいように工夫がしてある。

　「人間リッカート法」の「リッカート法」とは，自分の意見に合う程度を段階で表す方法である。通常はアンケートで 5 段階とか 7 段階で答えるものであるが，このエクササイズでは，紙で回答するのではなく，参加者が立ち上がって，該当する数字の所に行くという，身体活動が含まれている。動く楽しさが，感想を述べるという心理的な抵抗を下げているものである。

　「人間すくい」は，上記の 2 つに比べると少し手続きが複雑である。しかし，感情だけではなく，もう少し詳しい感想を参加者間で共有したい時に向いているエクササイズである。

引用文献

加藤太一・吉川肇子（2005）.「面接かぶと」の開発と実践　日本シミュレーション＆ゲーミング学会 2005 年秋季大会発表論文集, 85-86.

ゲーム出典

DIXIT Libellud. 23 rue Alsace Lorraine 86000 Poitiers, France.

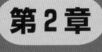

第2章
ゲーム

 自己紹介（Intro）

1. **目　的**
　他の人の自己紹介をよく聞いて，正しく思い出す。

2. **参加者数**
　6人〜30人。
　10人〜20人が最適。

3. **所要時間**
　10分〜20分。参加者数が増えると時間がかかる。

4. **用意するもの**
　特になし（参加者が正解を書くための紙を配布してもよい）。

5. 進 め 方
(1) 参加者に，順番に短く自己紹介をしてもらうと説明する。
　ただし，通常の自己紹介では，他の人の話を注意深く聞かないことが多いので，十分注意して聞くように言う。

(2) 順番に，自分の名前（姓名とも）を言って簡単な自己紹介をするように

参加者に指示する。

　この時，他者の話を十分注意して聞くように再度念を押す。

　(3) 自己紹介を聞いている最中に，ファシリテータは自己紹介に関するクイズを作る。目安として 12 個くらい。

　これはファシリテータの自分用のメモなので，自分で読めるようなもので構わない。

　クイズは，必ず正解が 1 つだけあるものとする。正解もメモしておく（後述の例を参照）。

　1 人の参加者について 2 つ以上のクイズを作っても良いし，紹介内容が重複して正解が 2 つ存在するような状況になった場合には，前に作ったクイズを修正する。

　(4) 参加者が名札をつけている場合には，それを隠すように指示する。

　参加者にこれからクイズを行うと言う。

　(5) 作ったクイズを 1 つずつ読み上げ，解答を紙に書かせる。

　(6) 1 つ読み上げるごとに，適当な間隔を置いて正解を言う。

　全部のクイズを終えたら，隣同士で正解の数を確認し合うように指示する。

　(7) 参加者が正解数を確認し合ったら，最も正解数の多かった参加者を選ぶ。

　同数の正解者がいる場合には，さらにいくつかの追加のクイズを行って，勝敗を決める。

　(8) 勝負が決まったら，この勝者を大きな拍手でたたえる。

　質問の例（以下のような単純な質問で構わない）：

　・田中さんの下の名前は何ですか？

　・食品会社に 10 年勤めている方はだれでしょう？

一番良い写真（Best Picture）

1. 目　的
抽象概念を表すのに一番良い写真を選ぶ。

2. 参加者数
3人～7人。5人が最適。
（人数が多い場合はこの人数の複数グループに分ける）

3. 所要時間
10分～25分。

4. 用意するもの
写真：5枚×人数分（写真入りの絵葉書などでも代用可）
白紙：人数分
筆記用具：人数分

5. 進め方
（1）写真をよく切り，裏向けて1人5枚ずつ配る。
5枚の写真は他のプレーヤに見せないように指示する。

（2）5枚の写真のそれぞれに，どういう抽象的な概念（語）が一番ぴったりするかを考えさせる。たとえば，平和，信頼，友情，など。
写真は5枚あるので，概念も，それぞれに対応するものを，計5つ考えさせる。

（3）1人のプレーヤを指名し，そのプレーヤの5つの概念のうち，どれかを言わせる。
他のプレーヤは自分の手持ちの写真の中から，最も近いと思う写真を選び，

裏向けてテーブルに置く。
概念を出したプレーヤも自分の写真を裏向けてテーブルに置く。

(4) 全部の写真を裏向けてよく混ぜた上で，表向けてテーブルに置く。
全員に，プレーヤが言った概念に最も近い写真を心の中で選ぶように言う。
ただし，自分の出した写真を選んではならない。

(5) 概念を出したプレーヤが合図をしたら，全員が一斉に自分が選んだ写真を指さす。

(6) 自分が出した写真が指さされた数を記録しておく。これが得点になる。
得点を記入したら写真を全員に戻す。

(7) 上記 (3) から (6) を，プレーヤの数だけ繰り返す。
最も得点が多いプレーヤが勝者となる。

注記：
なぜその写真を選んだのか，ゲームの後に語りあっても良い。

1000円オークション（$10 Auction）

1. 目　的
中毒行動がエスカレートしていく要因を考える。

2. 参加者数
何人でも可。

3. 所要時間
20分程度（説明5分，ゲーム5分。ディブリーフィング10分）。

4. 用意するもの
1000円札1枚

5. 進め方

(1) 参加者に1000円札を見せ，オークションのルールを説明する。次のシナリオを使っても良い。

　①ルールは普通のオークションと同じである。

　②最初は500円から始める。

　③100円単位で値付け（ビッド）していく。ただし，50円とか，200円の単位で値付けすることはできない。

　④続けて2度値付けすることはできない（自分がつけた価格を次に自分でつり上げることはできない）。

　⑤最高値をつけた参加者がその価格を支払い，1000円札をもらう。

　⑥このオークション特有のルールが1つある。すなわち，2番目に高い価格をつけた参加者もその価格を支払わなくてはならない。

　ただし，この参加者は1000円札を受けとることはできない。

　⑦たとえば，ある人が800円の値をつけてオークションが終了した時，その人は800円払って1000円受けとる。700円の値をつけた人も700円支払

うが，何も受けとれない。

(2) 説明が終わったら，オークションを開始する．できるだけ楽しい雰囲気を作るように気をつける．

(3) 最初の値付け場面では，複数の参加者が同時に叫びがちなので，誰が最初だったか，確実に確認するようにする．

(4) 途中からは 2 名の参加者間での競り合いになることが多い．その際には，他の参加者にも参加するように促したりして，場を盛り上げるようにする．

(5) 値付けが完全に止まったら，最高額をつけた参加者からお金をもらって，1000 円札を渡す．
2 番目の参加者からもお金をもらう．ただし，1000 円札は渡さない．

注記：
英語版のオリジナルでは，10＄であるが，日本円に変更した．
　最終的にはお金はすべて参加者に返却するが，そのことは最後まで参加者に告げず，実際にお金のやりとりがあるように振る舞い続ける．

エクストリーム三目並べ（Audio Tic-Tac-Toe）

1. 目　　的
傾聴し，記憶する。

2. 参加者数
3人以上（小グループで実施する場合は3の倍数が望ましい）。

3. 所要時間
10分程度。

4. 用意するもの
紙（三目並べの升目記入用）：参加者数分
記入するペン

5. 進 め 方
（1）1人の参加者が記録者になり，3目並べの升目を紙に記入し，升目に番号を振る。たとえば，3行3列でA1，A2，A3，B1，B2，B3，C1，C2，C3（行をA，B，C，列を1，2，3というように，番号の振り方のルールがわかりやすいように気をつける）など。

（2）記録者は2人のプレーヤが言ったマス目に記号（○または×）を記入していく。この紙はプレーヤには見せない。
　また，プレーヤの勝利を判定する役割を担う（後述の（4）と（5））。

（3）プレーヤは通常の三目並べを，升目の番号をコールすることで行う。

（4）プレーヤのどちらかが三目並べて，かつ，そのことを宣言したら，そのプレーヤの勝ちとなる。

(5) プレーヤが負けるのは，次の3つのうち，どれかの場合である。
①既に記号が入っている升目をコールした時。
②三目並んでいないのに，勝利を宣言した時。
③三目並んでいるのに，勝利を宣言しなかった時。

(6) 記録者を交替して，3人グループで3回実施する。

> **バリエーション**
>
> 1つの会場で2人の対戦（他の参加者は聴衆）とする場合は，升目の書ける黒板を用意する。
> この時，記録者が途中でプレーヤに話しかけたりして記憶を妨害すると，課題の目的が他の参加者により明確になる。

注記：
昼食後などで，参加者の集中が途切れているように見える時に実施しても効果的である。

先週のできごと（Last Week）

1. 目　　的
過去のできごとの思い出し方が現在の気分に影響することを理解する。

2. 参加者数
何人でも可。

3. 所要時間
5分。

4. 用意するもの
質問用紙2種を印刷して用意する（内容は「進め方」の項参照）：
「不愉快なできごと」バージョンと「うれしいできごと」バージョン

5. 進　め　方
（1）2種の質問紙のどちらか一方を参加者に1枚ずつ配付する。
ただし，参加者には2種類の質問紙があると悟られないように注意する。
1つの質問紙は，「不愉快なできごと」バージョンで，「先週のできごとのうち，解決するのが大変だったり，不愉快に思ったことを3つ書く」と指示してある。
もう1つの質問紙は，「楽しいできごと」バージョンで，「先週のできごとのうち，解決することができたことや，人に感謝するようなできごとを3つ書く」と指示してある。

（2）参加者には，自分の書いたものを他人に見せたり話したりすることはないので，具体的に文章でなくても，自分だけがわかる記号などで書いても良いと指示しておく。

(3) 全員が記入したことを確認したら，質問紙に回答したことで，気分が良くなったのか，それともあまり良くなかったのかを考えてもらう。
　気分が良くなったと思う参加者には立ち上がってもらう。
　気分があまり良くなかった参加者には着席したままでいるように指示する。

(4) 質問紙が2種類あることをここで明かす。
　それぞれの質問紙の質問文を読み上げる。

(5)「うれしいできごと」バージョンに回答した参加者には手を挙げてもらう。

(6) 手を挙げた参加者が立っている人の中に多く，座っている人の中には少ないことを確認する。

(7) 過去について考えることが，現在の気分に影響することを指摘する。
　現実場面でも同じようなことはなかったか，参加者に考えてもらう。
　また，過去のありがたかったことやうれしかったことを，より多く思い出すのにはどうしたら良いかについても考えてもらう。

性格診断（Personality Profile）

1. 目的
バーナム効果（Barnum effect）を学ぶ。

2. 参加者数
10人程度（多くすることもできるが，その場合は用意する写真を増やし，また休憩時間を長く取る）。

3. 所要時間
30分程度（ただし，途中に休憩をはさむ）。

4. 用意するもの
写真20枚程度（風景の写真など。絵はがきなどで代用しても良い）
白紙：人数分
クリップ：人数分
性格診断用紙（末尾の「性格診断用紙」についての項目参照）：人数分

5. 進め方
(1) 写真をテーブルに並べ，参加者に，自分の気持ちに最も合っていると思う3枚を選ばせる。
　選んだら，それらの写真をじっくり見ておくように言う。見終わったら，写真をテーブルに戻させる。

(2) 参加者に白紙を渡し，自分が選んだ3枚の写真を表現する短い1文を書かせる。
　また，その紙の右上に，任意の4桁の数字を書くように指示する。
　この番号は暗記させておくか，別途メモをとらせておく。

（3）休憩を入れる。

この休憩の間に性格診断用紙（後述）と参加者が書いた紙とをクリップで止めて，4桁の番号だけが見えるように折っておく。

（4）参加者が戻ってきたら，自分の4桁の番号の性格診断用紙を受けとるように言う。

（5）参加者に，自分の性格診断がどのくらい合っていると思うか，考えさせる。

その後，5ポイント尺度で性格診断がどのくらい正確だったか評価させる（1：非常に不正確〜5：非常に正確）。

（6）参加者に，5ポイント尺度で，正確だったと思う人から，起立させていく（5→1）。

それぞれの評価ごとに人数を加える。

（7）性格診断がすべて同一であることを明かし，バーナム効果について解説する。

「性格診断用紙」について

性格診断の文章は，全部同じものを人数分コピーして用意する（適当に作文して構わない。本書の読者は，ダウンロードサイトから入手できる）が，そのことを最後まで参加者に悟られないように，診断用紙の構成に配慮する（ID番号など）。

また，人数が多い場合には，休憩時間を長く取る。

注記：

「進め方」の（2）は，原文では「（英語）2単語」だが，日本語の性質を考慮し，「短い1文」とした。

会話 (Conversations)

1. 目　的
会話の中での仮説確証バイアス (hypothesis-confirmation bias) を経験する。

2. 参加者数
12人以上何人でも可。

3. 所要時間
20分～40分。

4. 用意するもの
ホイッスル

新聞紙または同じ程度の大きさの紙（兜（かぶと）を折るのに使う。次の「進め方」参照。作らない場合は，紙の帽子の類を用意する）；参加者数の半分の数。

3色のシール（緑，黄色，赤）：直径2センチ程度の丸いシールなどが適当。それぞれ，参加者数×4倍程度の枚数。

5. 進め方

(1) 参加者に紙で兜を折らせる（または，あらかじめ用意した紙の帽子を手渡す）。

(2) 参加者を同人数の2グループに分ける。もし参加者の総数が奇数ならば，その1人には観察者になってもらう。

(3) 2つのグループのうち，一方を「話し手」，他方を「聞き手」のグループに割り当てる。話し手のチームには，紙で折った兜をかぶってもらい，この実

習の間中かぶり続けるように指示する。

（4）聞き手を集めて，話し手と会話をするように指示する。次のように言ってもらうと良い。

「あなた自身のことについて話してください。仕事，家族，友達，あるいは趣味など」

聞き手には，話を聞いている途中で邪魔をしないように言っておく。あわせて，3色のシールを数枚ずつ渡しておく。

（5）聞き手に立ち上がってもらい，話し手とペアを作らせる。話し手に会話を始めるように指示する。2分会話させて，2分経ったらホイッスルを吹く。

（6）会話の後，聞き手に話し手を評価させる。評価は3色のシールで行う。「緑：良い」「黄色：まあまあ」「赤：あまり良くない」である。聞き手は，どれか1色のシールを話し手の兜の前面に貼る。ただし，話し手がどの色のシールを貼られたかがわからないように，シールを貼る時は目をつぶっておいてもらう。

（7）話し手には，別の新しい聞き手とペアになるように指示する。同じように会話を2分行い，話し手の評価を，シールを貼って行わせる。

（8）上記の会話を4回〜5回繰り返したら，終了を告げて，席に戻ってもらう。

（9）話し手に，兜に貼ってあるシールを確認させる。

一般的な傾向として，最初の評価（シールの色）が，後の評価を決めることを指摘する。すなわち，緑のシールを最初にもらった人は緑のシールが貼ってあることが多くなり，最初に赤のシールが貼られた人は赤のシールが貼ってあることが多くなる。

108　第4部　ゲーム

（10）聞き手に，自分の評価が，話し手の兜に貼ってあったシールの色に影響されたかどうか聞いてみる。もし，同意する聞き手が多いのならば，仮説確証バイアスについてさらに理解が深まるはずである。

（11）仮説確証バイアスについて説明する。参加者に，現実場面で起こっている同様の例を挙げてもらう。

（12）ディブリーフィングの際には，特に，赤のシールをもらった話し手に対して，それは聞き手のバイアスを反映しているに過ぎず，客観的な評価ではないことを強調しておく。

バリエーション

　会話の話題を別のものにすることもできる。

　また，聞き手と話し手の役割を交代してやってみることができる。その場合は，2回目には，別の話題を使うと良い。2回目も実施する場合は，新聞紙または紙の帽子を，（参加者数の半分の数ではなく）参加者数分あらかじめ用意する。

写真 4-2-1　評価シールを兜に貼る様子

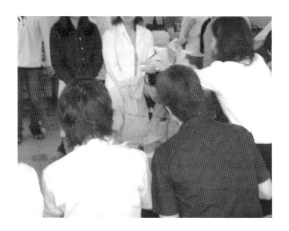

写真 4-2-2　評価後の兜をかぶせる様子

リストラ（Downsize）

1. 目　　的
チームワークと排除について考える。

2. 参加者数
7人以上。

3. 所要時間
ゲームに15分〜20分。
ディブリーフィングに15分〜30分。

4. 用意するもの
紙と筆記用具
タイマー
ホイッスル

5. 進　め　方
（1）参加者にダブレット（Doublets）パズル（第5部参照）の解き方について説明する。

（2）参加者を偶数のチーム（1チームの人数は3人〜5人）に分ける。
　チームのうち，半数は作業チーム，残り半数は管理職チームとする。2つのチームは1対1に対応している。すなわち，1つの管理職チームが1つの作業チームを観察する。
　作業チームは，ダブレットパズルを解く。
　管理職チームは，その作業を観察して，チームメンバーの貢献度を評価する。

（3）作業チームは，2分でダブレットパズル（"DOWN"を"SIZE"に）を

解く。

　管理職チームは，チームメンバーの作業ぶりを観察する。

　(4) 2分経ったらホイッスルを吹き，作業の終了を知らせる。

　(5) 管理職チームのメンバーに，作業チームの中で最も作業に貢献していなかったと思う人の名前を紙に書いて，名前がわからないように紙を折らせる。
　この時，お互いに相談してはならない。
　メンバーの1人に紙を回収させ，名前を読み上げさせる。一番名前を呼ばれた人（すなわち，投票数の多い人）は，次の作業から除かれる。
　もし，最も名前を呼ばれた人が複数あって，1人ではない時には，管理職チームの1人に目をつぶらせて，紙を1枚ひかせる。
　ここで，引かれた紙に書いてある名前のメンバーが，次の作業から除かれる。

　(6) 1人を除いた新しい作業チームで，2つめのパズルを解く（"TEACH"から "LEARN" に。ただし，このパズルはおそらく解答がない）。

　(7) 上記 (5) の手続きを繰り返して，1人のメンバーを作業チームから除く。

　(8) 作業チームのメンバーが，1人になるまで，ダブレットクイズを行う（課題の例を以下に挙げておく："BLACK" から "WHITE" に，"FOUR" から "FIVE" に，"WORK" から "PLAY" に，など）。

　(9) ディブリーフィングを行う。これが，このゲームでは非常に重要である。発問の例を以下に挙げる。
　① （最初の回に作業から除かれたメンバーに対して）管理職チームに対してどう思いましたか？
　また，作業チームのメンバーに対してはどうでしょう？
　② （最初の回に作業から除かれなかったメンバーに対して）管理職チームに対してどう思いましたか？

また，作業から除かれたメンバーに対してはどうでしょう？

③（2回目以降に作業から除かれたメンバーに対して）どう感じましたか？

④（最後に1人残ったメンバーに対して）どう感じましたか？

⑤（管理職チームに対して）自分の責任についてどう感じましたか？

作業から除いていった人々に対してはどうでしょう？

⑥（作業チームに対して）管理職が見ていることで，作業に影響があったと思いますか？

あるとしたらどのようなものですか？

⑦（管理職チームに対して）貢献の少ないメンバーを選んだ基準は何ですか？

その基準のうち，パズルを解く能力と関係があるものはどれですか？

その基準のうち，チームを維持したり，サポートしたりすることに関連するものはどれですか？

⑧このゲームから，あなたが学んだことは何ですか？

⑨作業チームからメンバーを除くことは，残るメンバーの生産性を低下させたでしょうか？

また，残るメンバーの士気を下げたでしょうか？

⑩リストラされる人の苦痛を和らげるために，われわれは何ができるでしょうか？

あるいは，残った人たちの苦痛に対してはどうでしょう？

また，管理職の人たちの苦痛に対してはどうでしょうか？

⑪このゲームは，現実世界で起こっているリストラと，どのように関係があるでしょうか？

⑫もしこのエクササイズで管理職チームがお互いに話しあうことができて，除かれるメンバーについて合意するとしたらどうなっているでしょう？

⑬もし，最後に残る1人が1000円の現金の賞金をもらうとしたらどうしょう？

あるいは，1億円の賞金をもらうとしたら？

⑭もしこのゲームに管理職チームがなくて，除かれるメンバーを作業チームが決めていくとしたらどうなるでしょう？

⑮もしこのゲームに管理職チームがなくて，除かれるメンバーを，無作為に，たとえばくじ引きで決めていくとしたらどうなるでしょう？

⑯もし，除かれたメンバーがチームにいつづけることができて，作業の様子を見ることができるとしたらどうなるでしょう？

⑰もし，各問題を解く時間が2分ではなく，5分になったらどうなるでしょう？

⑱作業がタブレットクイズではなくて，図入りのポスターを作るという課題だったらどうなるでしょう？

⑲もし，このゲームをもう一度するとしたら，あなたは作業者として，あるいは管理職として，自分の行動をどう変えますか？

注記：
英語版のオリジナルでは，⑬の質問の賞金額は，それぞれ10＄と100万＄であるが，日本円に変更した。

自由時間（Free Time）

1. 目　的
　　人を疎外すること，人から疎外されることで，どのように感じるかを考える（この課題は，関連する話題（多様性，偏見など）の講演の途中などに入れると効果的である）。

2. 参加者数
　　何人でも可。
　　できれば10人以上が望ましい。

3. 所要時間
　　6分（ディブリーフィングにさらに2分）。

4. 用意するもの
　　円のシール（緑と赤）：参加者の人数分
　　プロジェクターとスクリーン（人数が少ない時は模造紙などで代用可能）

5. 進　め　方
（1）参加者が会場に到着したら，無作為に赤か緑のシールを配る（同数になるように気をつける）。
　　このシールは名札や胸などの目につくところに貼っておくように言う。

（2）話の途中で「自由時間」を入れる。自由時間は3分である。
　　その自由時間中に何をするか，一人ひとり考えるのが，これから行う課題になると言う。

（3）その際には「計画立案に及ぼす右脳と左脳の働きの影響」を明らかにしてみせると説明する。

参加者に自分のシールの色を確認させる。

「緑」の人は3分間の間に「自由時間中にやること」の箇条書きのリストを作るように指示する。

「赤」の人は目を閉じて，自由時間の間に何をするかを絵や写真のように思い浮かべるように指示する。

赤の人には，3分後にホイッスルを吹くまで，目を開けてはならないことを念押ししておく。

(4) 赤の人が目を閉じている間に，以下の情報をスクリーンに呈示する。

> 黙ってこの画面を読んでください。これは秘密の情報です。
>
> 私がホイッスルを吹いたら，自分がリストに書いたことについて，熱心に議論をしてください。
>
> ただし，話しかけるのは緑の人に対してのみです。赤の人は無視してください。話しかけないでください。
>
> 他の緑の人が近くにいない時は，声が届くように大きな声で話しかけてください。
>
> 立ち上がって近くに行っても良いです。
>
> もし赤の人が話しかけてきても，答えないでください。無視してください。

(5) スクリーンの画面を切って，2分ほどしたら，ホイッスルを吹いて赤の人に目を開けるように言う。

参加者に3分間の自由時間の計画を話し合うように指示する。

3分経ったらホイッスルを吹いて，自由時間の終了を告げる。

(6) 短くディブリーフィングを行う。

以下は質問の例である。

①「何を感じましたか？」：

赤の人が無視されて気分が悪かったというのと，緑の人が赤を無視して気分

が悪かったというのを確認する。

②「何が起こったのでしょう？」：

緑の人が何をして，なぜそれをしたのか，赤の人が何をして，なぜそれをしたのか，をそれぞれに問う。

緑の人が自分たちは指示に従っただけだと言ったら，スクリーンに呈示した情報を見せて，赤の人に状況を説明する。

③緑の人に「なぜ？」と尋ねる：

緑の人に自分の気持ちがしっくりしなくても指示に従ったのはなぜなのか，問うてみる。

スクリーンに指示が呈示されていたのは短い時間だが，現実に何年かかかって行動を変化させられたらどうなるだろうかを考えさせる。

④「職場でも似たようなことは起こっていますか？」

⑤「もし，赤の人の数が緑よりもずっと多かったら，どうなるでしょうか？」

⑥「自由時間が3分でなく10分だったらどうでしょうか？」

⑦「ここで学んだことを使って，異なる集団に属する人々を疎外したり，逆に仲間に入れたりする行動をどうやって変えていきますか？」

注記：

シールの色は別の相互に識別可能な色に変えて構わない。

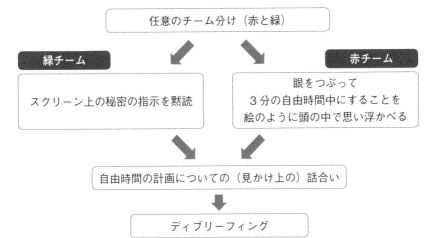

図 4-2-1　手続きの概略:「赤チーム」と「緑チーム」の違い

メンバー交換（Switch）

1. 目　的
チームワークについて学ぶ。

2. 参加者数
10人〜40人。

3. 所要時間
30分〜60分。

4. 用意するもの
模造紙（またはフリップチャート）

5. 進め方
(1) 参加者を，4人〜7人のグループに分ける。グループ数は偶数にする。グループの人数に多少でこぼこがあってもよい。各グループは，できる限り離れて座らせる。

> 例：22人参加者がいるとして，4グループに分けると，2グループが5人，残り2グループが6人となる。この4グループを4つの部屋に分けて入れる（この4グループ構成の例を以下でも使う）。

(2) 半分のグループに次のような議論のテーマを与える。
「もしプロジェクトの途中でグループメンバーの何人かがいなくなるとしたら，その時起こる問題にどう対応しますか？」
残りの半分のグループに次のような議論のテーマを与える。
「もしプロジェクトの途中で新しいグループメンバーが何人か加わるとした

ら，その時に起こる問題にどう対応しますか？」

（以降の記述の都合上，前者のグループを「メンバー喪失」グループ，後者の
グループを「メンバー獲得」グループと仮に命名する。）

　議論のテーマを与えた後，12分の制限時間の間に議論を終わらせて，出てき
たアイディアを模造紙（フリップチャート）に記録していくように言う。

　(3) 6分ほど経ったら，「メンバー喪失」グループの1人または2人を適当に
選んで，「メンバー獲得」グループに入れる。この作業があまり参加者の注意を
引かないように気をつける。

> 　例（4グループ構成）:「メンバー喪失」グループの1つのグループの2
> 人に，ファシリテータ（自分）についてくるように言う。彼らを「メンバ
> ー獲得」グループの部屋に入れる。連れてきた2人には，「メンバー獲得」
> グループに入って，メンバーが加わった時の問題の議論に加わるように言
> う。「メンバー喪失」グループの部屋に戻って，連れて行かれた2人が新し
> い重要な仕事を与えられたと説明する。同じことをもう1組のグループ同
> 士でも行う。

　(4) 12分経ったら，全部のグループを1つの部屋に集める。この実習の途中
で，半分のグループがメンバーを失ったこと，残りのグループがメンバーを獲
得したことを説明する。つまり，メンバーがいなくなることを議論したグルー
プは実際にメンバーがいなくなったのであり，メンバーが加わることを議論し
たグループは実際にメンバーが加わったことを指摘しておく。

6. ディブリーフィング
　(1) 実際にメンバーがいなくなったり，加わったりしたことに対して，自分
たちがどのように振る舞ったか，振り返ってもらう。
　また，12分の議論の中でどのような考えが出てきたか，紹介してもらい，以

下に挙げる質問について議論する。

①実際にメンバーがいなくなったり，加わったりした時，自分たちが考えたアイディアを使いましたか？

もし使っていない場合は，なぜそのようになったのか教えてください。実際に使った場合，結果はどうだったか教えてください。

②プロジェクトの途中でメンバーがいなくなることの悪い点は何でしょう？

また，プロジェクトの途中でメンバーが加わることの悪い点は何でしょう？

③メンバーがいなくなるのとメンバーが加わるのと，どちらが悪いですか？

④プロジェクトの途中でメンバーがいなくなることに，良い点はありますか？

あるとしたらそれは何ですか？

新しいメンバーが加わることの良い点は何でしょうか？

⑤実際にあなたの職場で，プロジェクトの途中でメンバーがいなくなったことがありますか？

あるいは，メンバーが加わったことがありますか？

そうしたことでどういう変化が起こったでしょうか？

その影響にはどんなものがありますか？

⑥皆さんが考えたアイディアのうち，組織でチームワークを向上させるために，最も活用できると思うアイディアはどれでしょう？

メンバー喪失グループ	メンバー獲得グループ
プロジェクトのメンバーが減ったら起こりそうな問題に対する対応を議論（全部で12分）	プロジェクトのメンバーが増えたら起こりそうな問題に対する対応を議論（全部で12分）
↓	↓
（開始後6分）ファシリテータと共に1人〜2人が退出	（開始後6分）ファシリテータが新たに連れてきた1人〜2人が新たに参加

メンバー移動

全員を1部屋に集めて，ディブリーフィング

図 4-2-2 「メンバー交換」の手続き概略

心遣い (Apprehensive Encounters)

1. 目的
異なる文化の人と良い交流をするために重要なことは何かを考える。

2. 参加者数
4人以上何人でも可。
15人〜30人が最適（5グループに分ける）。

3. 所要時間
30分〜50分。

4. 用意するもの
ホイッスル

5. 進め方
(1) 参加者を2つ，または3つ以上のグループに分ける。できるだけ同数のメンバーで構成されることが望ましい。
1グループの人数は，2人〜5人。

(2) 参加者に，異なる文化の人と出会った時のポジティブな物語を考えるように指示する。
実際に体験したことであっても，架空のできごとであっても，どちらでも構わない。
物語はできるだけ短くするように指示する。

(3) 参加者に部屋を歩き回って，別のグループのメンバーに自分の物語を話すように指示する（4分）。
あとでその物語を思い出してもらうので，相手の物語を聞く時には，細部を

よく聞いておくように指示する。

（4）4分経ったらホイッスルを吹き，別の人を見つけて，上記（3）を繰り返すように言う。

（5）何回か物語交換をしたら，グループに戻って，自分の物語と人から聞いた物語について議論させる。
　グループ全員で，聞いてきた物語から，共通する要素をリストアップさせる。
　時間があれば，そのような良い出会いをより多くするためにはどうすればよいのか考えさせても良い。

（6）全グループがリストを作ったら，別のグループのメンバーとペアを作らせ，お互いのグループがどういうリストを作ったのかを報告し合わせる。

第3章
アイスブレークやディブリーフィングに使える手法

 修了証（Certificates and Advice）

1. 目　的
ワークショップや訓練の修了を祝い，参加者同士でアドバイスを贈り合う。

2. 参加者数
3人以上何人でも可。
10人〜30人が最適。

3. 所要時間
10分〜20分。

4. 用意するもの
印刷した修了証（参加者の名前が書かれているもの）：部屋のテーブルの上に名前が見えるように並べて置いておく。
ポストイット，または，白紙のカード
ホイッスル

5. 進 め 方

(1) 参加者にテーブルの上にある修了証を1枚取るように言う。

ただし，それは自分の修了証ではなく，知っている他の参加者のものである（主催者やファシリテータが，本人のものを受けとらないように配る方法でもよい）。

(2) 参加者に自分の席に戻り，修了証の名前の書いてある面を下に，裏向けて置くように指示する。

参加者にポストイットまたはカードを配る。

(3) 参加者に，自分が持ってきた修了証の人物について，ワークショップや訓練の時にどうであったかを思い出して考えるように言う。

その人について，ワークショップや訓練のテーマに関連するようなアドバイスを1つ考え，ポストイット（カード）に書かせる。

(4) ホイッスルを吹いて，修了証を本来の持ち主に返させる。

この時，修了証には上記（3）で書かれたアドバイスカードがついている。

(5) 全員が修了証を受けとったら，それを高く掲げて，部屋の前に並ぶように言う。

(6) 全員が並んだら，ワークショップや訓練が実地に活かせるようにまとめのアドバイスを行い，感謝の言葉を述べて終了する。

> **バリエーション**
>
> 　アドバイスカードを作らず，次のように進めることもできる。この場合は，ワークショップの間，終了まで，参加者がその相手を何らかの形で観察していることになるので，参加者同士を親しくさせたい時や，参加者に会話のきっかけを作らせたい時には最適である。また，スピーチはその相手の良い点を述べることになるので，それを聞いた参加者の自尊心が上がるという効果もある。
>
> 【進め方】
> （ワークショップ開始時）
> 　(1) ワークショップの冒頭に，参加者に修了証を配布する（他の参加者のものを必ず受けとるように，見えないように袋に入れるなどして準備しておく）。この時，どの修了証を持っているか，最後まで他の人に明かしてはならない。

第3章　アイスブレークやディブリーフィングに使える手法　127

(2) 参加者に，ワークショップの最後に，それぞれの人が，修了証に名前の書いてある人に対して修了証を渡すと言っておく。その時，その相手についての簡単なスピーチをしてもらうと言っておく。

（ワークショップ終了直前）
(3) ワークショップ終了の時点で「修了式」を行う。この時，それぞれの参加者は，自分の持っている修了証は誰のものかを明かして，それぞれの人に対して短いスピーチを行う。スピーチの内容はどのようなものでも良いが，たとえば，その人の人となりについてや，グループ活動の中でどのように貢献したか，などが考えられよう。

アイディア倍増（One Will Get You Ten）

1. **目　　的**
   問題を解決するためのアイディア出しをし，共有する。

2. **参加者数**
   6人（3人チーム2つ）以上何人でも可。
   30人が最適（5人チーム6つ）。

3. **所要時間**
   20分〜40分。

4. **用意するもの**
   特になし。

5. **進　め　方**
   (1) 参加者を，3人〜5人の2つ以上のチームに分ける。
   できるだけメンバーの数が同数になるようにする。

   (2) 解決すべき問題を提示する。
   たとえば，「現在の電気代を1月500円削減する」，「このワークショップで学んだことを現実場面で活かすために今からできること」など。
   解決方法を参加者が1人で考えるように指示する。

   (3) 参加者に立ち上がって歩き回り，別のチームのメンバーとペアになるように指示する。
   ペアになったらお互いのアイディアを紹介し合う。
   相手から聞いたアイディアについては，あとで自分が話すことになるので，注意深く聞いておくように言う。

(4) 終了 30 秒前に，ペアがお互いにアイディアを交換したことを再度確認する。

終了したら，自分のチームに戻るように言う。

(5) チームの全員が 2 つのアイディアを順番に紹介していく。

1 つは自分のアイディアであり，もう 1 つは先ほど聞いた他者のアイディアである。

ただし，どちらが自分のアイディアであり，どちらが人のアイディアであるのかについては言わない。

(6) 1 人が 2 つのアイディアを紹介し終えたごとに，他のメンバーは，どちらが話している本人のアイディアなのか，予想をする。

その後，紹介した本人が正解を言う。これを全員分繰り返す。

封筒（Envelopes）

1. **目　　的**
   あるテーマに関する複数の問題の解決策を発見する。

2. **参加者数**
   3人〜60人。

3. **所要時間**
   20分〜45分。

4. **用意するもの**
   封筒（表に，問題を1つずつ書いたもの。封筒ごとに異なる問題を書いておく）：グループの数分
   封筒に入る大きさの紙（インデックスカードでも可）：ラウンド数分
   タイマー
   ホイッスル

5. **進 め 方**
   (1) 参加者をグループに分ける。できるだけ同数のメンバーで構成されることが望ましい。
   　グループで封筒を回していくので（後述），回す順序を確認しておく（時計回り，グループの番号順など）。

   (2) 各グループに封筒1枚とカード1枚を配る。

   (3) 封筒の表に書いてある問題についての解決策を，短くまとめて紙に書いて封筒に入れるように指示する（3分）。

第3章　アイスブレークやディブリーフィングに使える手法　　**131**

　(4) 3分経ったらホイッスルを吹き，解決策を入れた封筒を次のグループに回すように指示する。

　(5) 新しく受けとった封筒に書かれている問題についての解決策を，短くまとめて紙に書いて封筒に入れるように指示する（3分）。
　この時，既に封筒に入っている紙（すなわち，他のグループが書いた解決策）は見ないように指示する。

　(6) 3分経ったらホイッスルを吹き，解決策を入れた封筒を次のグループに回すように指示する。

　(7) (5) ～ (6) を繰り返す。
　時間を短縮したい時には，途中で打ち切りも可。

　(8) 打ち切った時点で，各グループにある封筒をあけて読ませる。
　中に入っているカードに書かれている解決策のうち，優れているものを選ばせる（3分）。
　実施したラウンドの回数によって，優れているものを1つだけ選ばせる，または，トップ3を選ばせるなど，基準はどのようにしてもよい。

　(9) 各グループに結果を発表させる。
　その際，なぜそれを選んだのか，基準も説明させる。

　(10) 発表が終わったら，各グループが選んだ評価基準について，興味深い点や類似性などについて，短くコメントする。

「やっている」と「やっていない」(Always and Never)

1. **目　的**
   参加者同士で良いやり方（best practice）を共有する。

2. **参加者数**
   6人以上何人でも可（偶数が望ましい）。

3. **所要時間**
   20分〜30分。

4. **用意するもの**
   紙（両面白紙）：参加者数分
   大きな紙（模造紙やフリップチャート用紙など）：チーム数分
   太字のペン

5. **進め方**
   (1) 参加者に白紙を配る。紙のどちらか一方の面の上部に「やっている」，もう一方の面（裏面）の上部に「やっていない」と書かせる。

   (2) まず，個人で作業する。
   「やっている」面には，「良い聴き手」が「やっていること」を箇条書きさせる。
   「やっていない」面には，「良い聴き手」が「やっていない」ことを箇条書きさせる。
   両面ともできるだけ多くの行動をリストアップするように指示する。

   (3) 参加者同士ペアを作ってもらい，紙の両面に書いた内容をお互いに見せ合って議論させる。

（4）参加者を 3 人〜 7 人のチームに分ける。
　チームができたら，各自が紙に書いたことと，ペアになった相手から得た情報を伝え合う。

（5）チームで話し合って，「良い聴き手になるための方法」を 5 つ考えさせ，大きな紙に箇条書きさせる。

（6）紙に書き上がったら壁に貼って，全員で見て歩く。

（7）書かれている「方法」のうち，「良い聴き手」になるために，自分が実践したいと思うことを，3 つ選ぶように指示する。

　注記：
　1．もとの課題は，多様性に配慮できる上司（inclusive manager）について考えさせるものであったが，ここでは「良い聴き手」（active listener）に課題を変更して紹介した。
　2．テーマはどのようなものであっても実施可能である。たとえば，以下のようなものが考えられるだろう。
　コミュニケーション能力のある人
　信頼できる人
　異文化間葛藤をうまく調停できる人
　交渉の上手な人
　国際人

「誰」が「なぜ」（Who and Why）

1. **目 的**
   信頼を高める要因を明らかにする。

2. **参加者数**
   6人〜50人。
   15人〜30人が最適。

3. **所要時間**
   20分〜45分。

4. **用意するもの**
   タイマー
   大きな紙：チーム数分
   トランプ1組
   太字のペン：チーム数分
   テープ
   ホイッスル

5. **進 め 方**
   (1) 参加者に，これから思考実験を行うと伝える。
   まず，参加者に自分が信頼している3人の人を思い出してもらう。
   この3人は，有名人でも良いし，友人や家族，同僚など誰でも良い。
   3人の名前を他の参加者に伝えることはないことを強調しておく。

   (2) なぜその3人を信頼しているのか，その理由を紙に箇条書きにしてもらう。
   3人に共通する理由もあるだろうし，それぞれの人に特有の理由もあるだろ

うことを指摘しておく。

この作業は3分で終了することも伝えておく。

(3) 今度は，参加者に自分が信頼していない3人の人を思い出してもらう。

信頼している人を考えた時と同じように，どういう人を取りあげても良いし，その名前を他の参加者に言うことはないことを改めて言っておく。

(4) なぜその3人を信頼していないのか，その理由を紙に箇条書きにしてもらう。

3人に共通する理由もあるだろうし，それぞれの人に特有の理由もあるだろうことを指摘しておく。

この作業は3分で終了することも伝えておく。

(5) トランプのカードを1人1枚ずつ，参加者に配る。

この時，赤（ダイヤとハート）と「黒」（スペードとクラブ）の枚数が均等になるようにする。

参加者が奇数の場合は，ファシリテータが赤か黒のどちらか1枚を持つ（次の（6）参照）。

(6) 参加者に，自分と異なる色の参加者とペアになるように言う。

奇数の場合には，ファシリテータが1人残った参加者とペアになる。

(7) 参加者同士で，「信頼する理由」と「信頼していない理由」について，話し合わせる。

制限時間は3分であると伝える。

(8) 3分経ったらホイッスルを吹き，ペアを組んだ相手とわかれ，同じ色のカードを持った参加者と3人〜5人のチームを作るように指示する。

(9) 大きな紙と太字のペンを各チームに配り，紙を縦に2分割する線を引く

ように指示する。

　左半分には，信頼を高めるために「すべきこと」を，右半分には「してはならないこと」を箇条書きするように指示する。

　制限時間は5分であることを伝える。

(10) 5分経ったらホイッスルを吹き，書いた紙をテープで壁に留めるように指示する。

　参加者に立ち上がって他のチームが書いたものを見て歩き，共通する要素や共通しない要素を見つけるように言う。制限時間は3分とする。

(11) 3分経ったらホイッスルを吹き，参加者全体で議論する。

　たとえば，次のような質問を問いかける。

①多くのチームが挙げている行動は何ですか？

②あるチームだけが挙げている行動にはどんなものがあったでしょう？

③現実の場面で，あまりやられていない行動はどれでしょう？

④信頼を高めるために最も良い行動はどれでしょう？

(12) 参加者一人ひとりに，自分がすぐに実行したい行動を1つ選ばせ，実際にそれをどのように実行するのか，計画を立てさせる。

　もし時間の余裕があるなら，新しくペアを作り，その計画をお互いに披露し合ってもらう。

　注記：

　ここでは「信頼」をテーマとして例示したが，テーマはどんなものでも実施できる。たとえば，以下のようなテーマが考えられるだろう。

　リーダーシップを高めるためには（「リーダーシップのある人」「リーダーシップのない人」について考えさせる）

　創造的なアイディアを出すためには（「創造的な人」「創造的でない人」について考えさせる）

第 3 章　アイスブレークやディブリーフィングに使える手法　137

信頼している人を 3 人思い浮かべて，その理由を箇条書きする

信頼していない人を 3 人思い浮かべて，その理由を箇条書きする

トランプを受けとる（赤，または，黒のスート）

自分と異なる色のスートの参加者とペアになって意見交換

同じ色のスートの参加者同士チームを作り，信頼を高めるために「すべきこと」と，「してはならないこと」を議論して紙に書く

参加者全体で，信頼を高める要因を議論する

図 4-3-1　「「誰」が「なぜ」」の手続きの概略

3人組（Triads）

1. 目　的
ある物や手法を有効に利用できるように，長所と短所を創造的にまとめていく。

2. 参加者数
3人以上何人でも可。3人グループに分ける。
18人〜48人が最適。

3. 所要時間
15分〜30分。

4. 用意するもの
白紙
筆記用具
ホイッスル
タイマー

5. 進め方
（1）参加者に，これから考えて改善させるテーマを与える。テーマは，「物」または「手法」である。

そのテーマの長所と短所を，1分で考えるように指示する。それぞれ複数挙げて構わない。

（2）参加者を3人1組にする。2人余ったらファシリテータが3人目に入って3人1組を作る。

1人余ったら，観察者（歩き回って見たり，話を聞いたりする）になってもらう。

第3章　アイスブレークやディブリーフィングに使える手法　**139**

（3）3人1組のうち，最も背が高い人に，大事だと思う長所を1つ話しても
らう。

制限時間は1分である。

制限時間内に，長所について詳しく説明するように，また，他の2人からの
質問も受けるように言っておく。

（4）1分経ったら，3人組のうち，最も背が低い人に，大事だと思う短所を1
つ挙げてもらう。

短所についても，上記（3）と同じことを制限時間1分でやってもらう。

（5）1分経ったら，最後の1人に，2人が挙げた長所と短所を思い出すように言う。

この人がやるべきことは，どうやったら長所を活用し，短所を減らすかのア
イディアを出すことである。

他の2人が出した長所短所，それぞれ1つずつに焦点を当てて考えるように
言う。

（6）次に，上記（5）でやったことを，3人一緒に考えさせる。

その際には，出てくるさまざまなアイディアを，実際に活用できるような形
でまとめるように指示する。

この作業の制限時間は3分であると告げる。

（7）3分経ったら，どのような長所短所，活用のアイディアが出たか発表させる。

注記：

テーマはどのようなものでも実施可能である。たとえば，以下のようなテーマ
ならば，次のような長所と短所が考えられるだろう。

　　　手法：能動的な手法を用いた訓練

　　　長所：参加者をより引きつけることができる。学習内容の再生がより容易。

　　　短所：過度に無秩序になったり混乱したりする。このやり方では学習する
　　　　　　スキルのない参加者がいる。

ムードチェック（Mood Check）

1. 目　的
ワークショップや訓練の後に，参加者が気兼ねなく自分の気分について語れるようにする。

2. 参加者数
何人でも可。

3. 所要時間
10分〜15分。

4. 用意するもの
感情を表す形容詞を印刷した紙（「チェックリスト」）：参加者数分
（参加者にどのような感情が生まれてきそうか，あらかじめ考えて形容詞を選んでおく。たとえば，「1000円オークション」なら，混乱した，楽しかった，ワクワクした，困った，など）

5. 進め方
(1) 参加者にチェックリストを配付する。
自分の気分に合った形容詞に○をつけるように指示する。○はいくつつけても良い。

(2) 全員が○をつけ終わったことを確認したら，○が多くついた形容詞のトップ3を予想させる。
多くの人が○をつけたと思う形容詞を，3つ選んで，チェックリスト用紙の裏に書かせる。

(3) 全員が書き終わったことを確認したら，順に形容詞を読み上げていく。

参加者は，自分が◯をした形容詞があれば手を挙げる。
ファシリテータは，挙手の数を記録しておく。

(4) トップ3の形容詞を挙手の数の記録で確認する。
トップ3の形容詞を正しく予想した参加者を勝者とする（1位〜3位の順位の正確さは問わない）。

(5) 参加者が多く選んだ形容詞にはどういうものがあったのかを振り返り，参加者と議論する。

注記：
チェックリストはどのようなものであってもよいが，読者はサンプルをダウンロードサイトから入手できる。

人間リッカート法（Live Likert）

1. 目　　的
ワークショップや訓練の後に，参加者が気兼ねなく自分の気分について語れるようにする。

2. 参加者数
何人でも可。

3. 所要時間
10分〜15分。

4. 用意するもの
1, 2, 3, 4, 5の数字を書いた紙を，それぞれ1枚ずつ，計5枚。
（A4以上くらいの大きさ）

5. 進め方
(1) 床の上に，5枚の紙を，1から順に5まで，等間隔で置いておく。

(2) 気分を表す形容詞を言う。たとえば，「楽しい」など。
その気分があてはまる程度を，1から5までのいずれかで参加者に選んでもらい，自分の気分に近い数字のところに立ってもらう。
たとえば，「非常に楽しい」なら「5」の紙のところに，「全然楽しくない」なら「1」の紙のところに，というように。

(3) 上記 (2) の手続きを，他の形容詞でもやってみる。6個程度用意するとよい。たとえば，驚いた，困った，ワクワクした，ホッとした，まごまごした，など。

第 3 章　アイスブレークやディブリーフィングに使える手法　143

(4) 参加者に，今の気分を表す形容詞が他にないか尋ねても良い。
もし，他の形容詞が出てきたら，同じように上記 (2) の手続きを行う。

(5) できるだけ多くの感情や気分について議論できるように配慮する。

注記：
　上記の例では，5 段階尺度としたが，7 段階など，もう少し段階を細かくして実施することも可能である。

人間すくい（Group Scoop）

1. 目　的
ワークショップや訓練の後に，参加者が多くの人と意見や感情を交換できるようにする。

2. 参加者数
何人でも可。

3. 所要時間
20分〜30分。

4. 用意するもの
カード（京大式カードなど）：参加者数×4
大きな紙（模造紙，フリップチャート用紙など）

5. 進め方
(1) 参加者に4枚のカードを配る。

(2) 参加者に開いた質問（open-ended question）をする。
たとえば，「このワークショップでためになったと思うことは何ですか？」など。
それに対する4つの異なる答を，4枚のカードに1つずつ書いてもらう。

(3) 全員が書いたら，カードを回収してよく混ぜ，1人に3枚ずつ配り直す。
参加者には，3枚のカードを受けとったら，それらをよく読んで，賛成できる程度はどのくらいか考えてもらう。
参加者が考えている間に，テーブルの上に残りのカードを上向けて並べておく。

第 3 章　アイスブレークやディブリーフィングに使える手法　**145**

（4）参加者に，テーブルの上にあるカードと，自分の手持ちのカードを交換して，自分の考えにより近いカードセットを作るように指示する。交換するカードの枚数に制限はない。

ただし，「お互いに話してはいけない」こと，「少なくとも 1 枚」は交換しなければいけないこと，という 2 点を強調しておく。

（5）他の参加者とカードセットを見比べて，意見が近い人とチームを作るように指示する。

何人でチームを作っても構わない。

ただし，以下の注意点を述べておく。

①1 チームにつき，3 枚のカードしか残しておくことはできない。残りのカードは机に戻す。

②どのカードを残しておくかは，チームで十分相談しなければならない。

（6）3 枚カードを選んだら，それらの内容をよく表す図や絵を，大きな紙に描くよう指示する。

この紙に文字を書くことを禁止する。（制限時間 5 分）

（7）5 分経ったら，チームごとに，大きな紙を見せながら，3 枚のカードの内容を発表する。

必要であれば，紙に書いた図と，カードの内容との関連も説明させる。

第5部　Jolt

第1章
Jolt とは何か

「Jolt（ジョルト）」とは，短いエクササイズである．簡単なパズルやクイズを含む場合もある．短時間にあっと思うような意外な体験や，考えさせるような，はっとする気づきのある体験をさせるためのものである．それによって，参加者に自分が半ば習慣的にやっているような行動や考え方を考え直す機会を与えることができる．参加者の考え方の癖を示すために，ちょっとした心理トリックが使われる場合もある．

Jolt の使い方としては次のような場面が想定されている．

(1) セッションの最初で，参加者の注意をひく．
(2) 1つのトピックから次のトピックへとスムーズにつながるようにする．
(3) 昼食休憩の後に，参加者が寝てしまうようなことがないようにする．
(4) エクササイズの最後に，次につながるように，深く考えるきっかけを与えておく．
(5) 専門的な内容を含むような長いプレゼンの途中で，スピードを変えたり，中断を入れたりする．
(6) 講義につながるような Jolt をうまく選んで，Jolt のディブリーフィングを次の講義の内容とつなげることができる．
(7) 効果的な学習手法や，事後学習の重要性を，Jolt を使って例示する．

デザインされている Jolt は大変多いのだが，本書の方針として，「一斉拍手」を除いては，あまりトリックのあるようなもの（すなわち，1回行うと参加者に仕掛けがわかってしまうもの）は，掲載しないことにした．なお，仕掛けは

ないけれども，どれも参加者には「はっとする体験」や「あっと気がつくとこ
ろ」があるので，同じ参加者に複数回繰り返すのには向いていないものが多い。
全体として Jolt は，実施のタイミングの見極めが非常に重要になる。また，フ
ァシリテータにとっては，さりげない振る舞いをすることも求められる。この
意味で，Jolt はどれも短いけれども，ゲームなどよりも難しい面がある。

　掲載したものの一覧を表 5-1-1 に示す。以下に簡単な紹介をしておくので，
選択の際に参考にしていただきたい。

　「一斉拍手」は，ファシリテータの行動に思わず「つられる」面白さを体感
できるエクササイズである。注記したように，ワークショップの初期に，他の
Jolt に先んじて実施することを勧める。

　ダブレット（Doublets）とは，第 4 章第 1 節でも簡単に紹介したが，ルイス・
キャロルが考え出したパズルで，2 つの英単語を，1 文字ずつ変えていきながら
つなげていくものである。パズルを解く面白さに加えて，そのパズルに重要な
単語（概念）を含ませておけば，知らず知らずのうちに，参加者に重要な単語
を学習させることができる。

　トリプレット（Triplets）も同じく，単語のパズルを使った簡単なエクササ
イズである。ダブレットと同じく，英語の単語の知識があることが前提なので，
どちらを実施するにしても参加者の語彙力を見極めてパズルに使う単語を選ん
でおく必要がある。同じようなしくみのものであれば，日本語の単語を使って
もかまわない。

表 5-1-1　Jolt

エクササイズ名	目的
一斉拍手	言葉よりも行動の方が雄弁であることを理解する
ダブレット	重要な概念を理解する
トリプレット	重要な概念を理解する
順番に言って！	既存の知識が新しい学習を阻害することを学ぶ
おもしろい思い出	日常生活におもしろさを発見する
同類	多様性のあるグループが生産性や創造性を向上させることを理解する

「順番に言って！」は，新しいことを学習するのに，既に持っている知識が邪魔をすることを学ぶためのものである。参加者に新しいことを学ぶという心がまえを持ってもらいたいなら，ワークショップの初期に使うと効果的だろう。

「おもしろい思い出」は，たとえ些細なことであっても，日常におもしろいことを見いだせることが実感できるエクササイズである。参加者にそれを気づかせるようなファシリテータ用の台本が用意されているので，そのまま読み上げるか，または適宜言葉を変えて使っていただいて構わない。

「同類」は，簡易なエクササイズながら，集団の中の多様性があることの重要性を気づかせるものである。オリジナルは英語の単語を作るものだが，ひらがななどで代用しても構わない。

なお，Thiagi は，ディブリーフィングがなければ，効果的でないばかりか，むしろ有害な影響を及ぼす可能性もあるとまで言っている。どのエクササイズでもディブリーフィングが重要であるが，特に Jolt でそれが重要な理由を説明しておこう。

Thiagi によれば，（Jolt に限らず）次の4つの特徴を持つエクササイズについては，ディブリーフィングが重要になるとしている。

①現実世界に直接つながるようなものではなくて，比喩的なものを含むエクササイズ。
②強い感情や情動を引き起こすようなエクササイズ。ここで言う感情や情動には，ポジティブなものもネガティブなものも，どちらの場合も含む。このようなエクササイズでは，参加者は感情に気をとられてしまうので，論理構造や根本原因に目を向けなくなってしまう可能性がある。
③進行のスピードが早いエクササイズ。そのため，重要なできごとや学習のポイントを見落とす参加者がでてしまう。
④エクササイズの意味を，参加者が別の意味に解釈する可能性があるエクササイズ。

Jolt については，上記4つの特徴すべてを備えているので（比喩的，感情を揺さぶる，スピートが早い，解釈の多様性がある），ディブリーフィングを必ず

必要とするのである。もし十分なディブリーフィングをしなければ，学習の効果を最大にする機会を逃すばかりか，最悪の場合には，参加者を混乱した状況に放り出したままになってしまう。時に，ネガティブな感情を引き起こすようなアクティビティについては，より慎重にディブリーフィングを行わなければならない。

第2章
Jolt の紹介

 一斉拍手（Synchronized Clapping）

------

1. **目 的**
   ことばよりも行動の方が雄弁であることを理解する。

2. **参加者数**
   10人以上何人でも可。
   10人から100人が最適。

3. **所要時間**
   実習そのものは2分。
   ディブリーフィングに3分～10分。

4. **用意するもの**
   特になし。

5. **進め方**
   (1) まず，練習をする。参加者に1回手をたたく（拍手する）ように言う。参加者が実際に行うところを見届ける。

   (2) 参加者のたたき方に調和が取れていなくて良くないと言う。みんなで一

斉に拍手をして，部屋の外にいる人にとどろくような音にしたいと説明する。

(3) みんなで一斉に拍手するために，自分がローテクな手がかりを与えると説明する。「1，2，3」と数えて，「はい」と言うので，そう言った時にみんなで同時に拍手をして欲しいと言う。ただし，「はい」と言うまでは手をたたかないように，と念をしておく。

(4) 大きな声で「1，2，3」と数えた後，直ちに，自分で拍手をする（ただし，「はい」とは言わないこと）。大多数の参加者はつられて拍手をするだろうから，そこでびっくりしたふりをして，「はい」と言う。

6. ディブリーフィング
(1) 参加者に，なぜ指示に従わず，「はい」と言うまで待てなかったのか聞いてみる。「でもあなた（ファシリテータ）が拍手をしたではないですか」と言う参加者もいるかもしれない。参加者は答を期待するだろうから，「じゃあ，私が崖から飛び降りたら，皆さんもそうしますか？」と言ってみたらどうであろうか。

(2) この実習から何を学んだか，参加者に聞いて，議論をする。
ポイントとしては，「ことばよりも行動が雄弁であること」「参加者はファシリテータのことばよりも行動にしたがってしまうこと」「指示を理解することと実際にそれに従うことの間には大きなギャップが存在すること」が挙げられよう。

注記：
この実習は，ワークショップや訓練の初期に実施すると効果的である。他のエクササイズ（特に他のJolt）のあとにやってしまうと，何か引っかけがあるのではないかと参加者が疑ってしまう可能性があるからである。

ダブレット（Doublets）

1. 目　　的
言葉遊びの仕組みを使って，重要な概念を短い時間で創造的に考える。

2. 参加者数
何人でも可（1人でもできる）。

3. 所要時間
問題数による。

4. 用意するもの
問題の書かれた紙（問題数が少ない時はなくても良い）。

5. 進　め　方
（1）参加者に問題を提示する。

たとえば，2つの単語がAPEとMANであるとすると，以下のようになる（下線が引いてある文字が，前の文字から変化したところである）。

　　　APE
　　　A<u>R</u>E
　　　<u>E</u>RE
　　　ER<u>R</u>
　　　E<u>A</u>R
　　　<u>M</u>AR
　　　MA<u>N</u>

（2）別解があれば許容する。たとえば，上の例であれば，次の解答はよりシンプルである。

　　　APE

AP<u>T</u>
<u>O</u>PT
O<u>A</u>T
MA<u>T</u>
MA<u>N</u>

> 課題の例：CARD から GAME へ，TEAM から WORK へ，など，ワークショップのテーマや参加者の語彙力に応じて作成する。

バリエーション

他の課題（リストラ（Downsize）），第 4 章第 2 部）と組み合わせて活用することもできる。

トリプレット（Triplets）

1. 目　的
言葉遊びの仕組みを使って，重要な概念を短い時間で創造的に考える。

2. 参加者数
何人でも可（1人でもできる）。

3. 所要時間
問題数による。

4. 用意するもの
問題の書かれた紙

5. 進め方
（1）参加者に問題を提示する。

（2）トリプレットとは，3つの単語をつなぐ4つめの単語を見つける単語パズルである。

たとえば，以下の3つの単語があるとする。

　　ELEPHANT － HOUSE － SNOW

これら3つをつなげる単語は WHITE である。
すなわち，<u>WHITE</u> ELEPHANT － <u>WHITE</u> HOUSE － SNOW <u>WHITE</u>

2つめの例を挙げる。

　　BOARD － HOLE － JACK

これら 3 つをつなげる単語は BLACK である。
すなわち，BLACKBOARD – BLACK HOLE – BLACKJACK

(3) 上の例にもあるように，3 つの単語をつなげる単語は，単語の前に来る場合もあれば（WHITE ELEPHANT），後ろに来る場合もある（SNOW WHITE）ということを参加者に説明する。また，つなげる単語が 1 つの単語の一部をなすこともあれば（BLACKBOARD），2 つの単語で 1 つの成句になることもある（BLACK HOLE）。

注記：
参加者の語彙力に応じて課題を考える。ここでは，比較的やさしいと思われる例を紹介した。
筆者（吉川）は機能的固定（functional fixedness）に気がつけるような課題を作成している。ダウンロードサイトからダウンロードできる。

順番に言って！（Say It in Sequence）

1. 目　的
新しいことを学ぶのに，以前の知識が邪魔になることを学ぶ。

2. 参加者数
何人でも可。

3. 所要時間
課題実行に 3 分。
ディブリーフィングに少なくとも 10 分。

4. 用意するもの
特になし。

5. 準　備
ファシリテータは，1（いち）から 10（じゅう）までの数字を，読み方のあいうえお順で並べ替えたものを覚えておく。

すなわち，

1（いち），9（きゅう），5（ご），3（さん），10（じゅう），7（なな），2（に），8（はち），4（よん），6（ろく）

6. 進 め 方
(1) 参加者に数字を 1 から 10 まで，心の中で数えさせる（4 は「よん」，7 は「なな」と読む）。

数え終わった人から，立ち上がるように指示する。

(2) 参加者に，数字を「アイウエオ順」に，心の中で数えさせる。「いち」から始める。

数え終わった人から座るように指示する。

（3）全員が終了しなくても，ある程度時間が経ったら，座るように言う。ファシリテータは実際にアイウエオ順で並べ替えた順序で暗誦してみせる。すらすら言えるようになるまでどのくらい練習したか，苦労話をする。

（4）なぜ2回目の課題で時間がかかったのか，間違いが多かったのか，理由を考えさせる。
①以前の知識が新しいことを学ぶ時に障害になることがあることを指摘する。
②同じようなことが現実場面で他にもないか考えさせる。
③どうすれば以前の知識が新しいことを学ぶ障害にならないのかを考えさせる。

おもしろい思い出（Your Funny Life）

1. **目　　的**
   日常生活におもしろさを見つける能力を上げる。

2. **参加者数**
   何人でも可。

3. **所要時間**
   10分程度。

4. **進 め 方**

このアクティビティには，以下に示す台本が用意されている。ただし，必ずしもこの通り読み上げる必要はなく，ファシリテータの個性にあわせて適宜台本を書き換えて実施すればよい。

【台本】

すばやく周りを見渡して，丸い物を見つけて数を数えてください。
制限時間は20秒です。

（20秒待って）

いくつ見つけましたか？
実のところ，正確な数は問題ではありません。
わかってもらいたいのは，丸い物を皆さんが作ったのではないということです。
丸いものは既にこの風景の中にあって，皆さんは今それを見つけたのです。
皆さんはそれに気がつくように注意を向けただけなのです。

第 2 章　Jolt の紹介　**161**

　ところで，この作業をしている時，「嘘」をつきましたか？

　たとえば，「長方形のラジオについている丸いつまみ」のように，丸くない物の中の一部分を丸いものに含めるようなことをしましたか？

　あるいは，「丸い CD と，その真ん中にある丸い穴」のように，1 つの物を 2 つとして数えましたか？

　それから，「プリントにある句点」を何回も数えるとかして，複数ある同じ物を何回も数えましたか？

　でも実は，こういうことは「嘘」ではありません。

　皆さんが細心の注意を払ったからこそ見つけ出せたのです。

　では，この実習の 2 つめのパートにはいりましょう。

　前の実習は，現在見えている風景から，物理的に触れることのできる物を探し出すものでした。

　次に行う実習では，皆さんの過去の時間の心の風景から，触れることのできない要素を探し出します。

　どうやるかを説明します。

　目を閉じて先週起こったことについて，くまなく考えてみてください。

　おもしろかったことを数えてください。

　先週という過去の時間の，心の風景の中に，もう既にあるおもしろいものを見つけてください。

　ばかばかしいことを思いつくよう，工夫してみてください。

　自分には優れたユーモアのセンスがあるようなつもりで，また笑いの素材を探すつもりで，先週のことを考えてください。

　本当に起こったことに工夫して嘘を加えたり，マンガ的なひねりを加えたりしても構いません。

　制限時間は 30 秒です。

　（30 秒待って）

これから，思い出したエピソードの中から，最もおもしろいものについて考えましょう。
　話をつなぎ替えたり，ゆがめたり，誇張したりして，もっとおもしろいものにしてください。
　自分で吹き出すようなおもしろい話になるように頑張ってください。
　制限時間は 30 秒です。

（30 秒待って）

　誰かとペアを作って，お互いにこのおもしろい話を話してください。
　相手の話には，にぎやかに笑うことをお忘れなく。

（2 分～4 分待つ。机間巡視をして，いろいろな話を立ち聞きしてみてください。）

第 2 章　Jolt の紹介　　**163**

```
現時点でまわりにある，丸いものを見つける
```

```
先週のできごとから，おもしろいことを思い出して考える
```

```
思い出したおもしろいことを脚色して，よりおもしろいものにする
```

```
他の参加者とペアを作っておもしろい話を語り合う
```

図 5-2-1　「おもしろい思い出」の手続きの概略

同類（Birds of a Feather）

1. 目　的
多様性のあるグループを作ることで，生産性や創造性が向上することを理解する。

2. 参加者数
15 人〜 50 人。
20 人から 30 人が最適。

3. 所要時間
実習に 3 分。
ディブリーフィングに 5 分。

4. 用意するもの
ホイッスル
A4 ないし京大式カード程度の大きさのインデックスカード（T, M, A, E, S の 5 文字のうち 1 文字を読みやすい大きさで書いておく。）：参加者の人数分

5. 進め方
（1）アルファベットの書いてあるカードを参加者に 1 枚ずつ配る。

（2）参加者には，5 人 1 組のグループを，できるだけ早く作るように指示する（多くの参加者は同じアルファベットのカードを持っている人同士でグループを作るだろう）。

（3）グループのメンバーが持っているカードにあるアルファベットを使って，できるだけ長い英単語を作るように指示する。

6. ディブリーフィング

同じアルファベットのカードで集まったグループは（「A」を持っているグループを除いて）1つも英単語を作れないことを指摘する。もし，一人ひとりが異なるアルファベットのカードを持って集まったなら，「TEAMS」という単語が作れたはずだと指摘する。

参加者に，職場で異なる人たちのグループで仕事をする時にはどうかということを振り返ってもらう。メンバーの多様性を意識的に引き出して活用しているかどうかを考えてもらう。

ポイントとしては，①多様な性質や能力を持った人が集まると，より生産的なチームが作れること，②多様性のあるチームは，より多様な解を生み出せるので，職場でよい成果を挙げる可能性が高いことが挙げられる。

7. 補足と応用

(1) 参加者が英単語に慣れていない場合は，ひらがなで実施することも可能である（同音異義語が多い単語など）。

(2) 会社で実施する時には，会社名やブランド，製品名などを英文字にばらしてやってみるのもよいだろう。

(3) 参加者に，カードを使わずに，多様性を最大にするような5人チームを作ってみるようにするとしたら，どうするか指示してみることもできる。

あとがき

　本書で紹介したエクササイズは，基本的に以下のところに掲載されているものを，英文から翻訳したものである。本書で紹介しているもの以外で，使ってみたいものがある方は，翻訳して使ってみられるのも良いであろう。素材（ハンドアウト）は，教育及び訓練目的であれば，1年にコピー99部以下ならば，直接許可を得なくても利用可能である。

http://www.thiagi.com/

　筆者（吉川）による翻訳は，以下のところに随時掲載されている。翻訳の方針は，本書と変わらず，日本人に向いているもの，使いやすいと思われるものを中心に翻訳している。なお，翻訳や使い方の紹介の仕方は，本書とは異なっている。同じものであれば，本書の方が詳しいものとなっており，またハンドアウトなどは，本書のダウンロードサイトからのみ入手可能である。

Thiagi による教育訓練手法の日本語紹介サイト
http://news.fbc.keio.ac.jp/˜kikkawathiagi/

　本書で紹介しているエクササイズの主要なものは，彼が出版した書籍に掲載されている。書籍の出版点数が多いので，以下に主なものを記す。ただし，書籍によって，記述の方法が違っていたり，情報に粗密があったりする。書籍の方がWeb サイトよりも詳しいので，詳細について知りたい方は，書籍の購入を勧める。本書の記述に当たっては，細かな点は書籍を翻訳の際に参考にしたものの，本書は初めて Thiagi の方法に触れる方を対象にしているために，基本的に Web サイト上の英文を翻訳する方針とした。

Thiagarajan, S. (2004). *Framegames by Thiagi*. Bloomington, IN: Workshop by Thiagi, Inc.

Thiagarajan, S. (2004). *Simulation games by Thiagi*. Bloomington, IN: Workshop by Thiagi, Inc.

Thiagarajan, S. (2005). *Thiagi's interactive lectures: Power up your training with interactive games and exercises*. Alexandria, VA: ASTD Press.

Thiagarajan, S. (2006). *Thiagi's 100 favorite games*. San Francisco, CA: Pfeiffer.

Thiagarajan, S., and Tagliati, T. (2011). *Jolts!: Activities to wake up and engage your participants*. San Francisco, CA: Pfeiffer.

Thiagarajan, S., and Tagliati, T. (2012). *More Jolts!: Activities to WAKE UP and ENGAGE your participants*. San Francisco, CA: Pfeiffer.

Thiagarajan, S., Tagliati, T., Richter, M. S., and Thiagarajan, R. (2015). *Interactive techniques for instructor-led training*. Bloomington, IN: Thiagi Group, Inc.

なお，Thiagi の本の日本語での紹介は本書が最初であるが，既にドイツ語，フランス語，オランダ語での翻訳は出版されている。それらのうち，本書の構成に当たっては，以下の本を参考にした。

Hourst, B., and Thiagarajan, S. (2007). *Modèles de jeux de formation: Les jeux-cadres de Thiagi*. Paris: Groupe Eyrolles.

Hourst, B., and Thiagarajan, S. (2012). *Jeux à thèmes de Thiagi: 42 activités interactives pour la formation*. Paris: Groupe Eyrolles.

Thiagarajan, S., and van den Bergh, S. (2014). *Interaktive Trainingsmethoden: Thiagis Aktivitäten für berufliches, interkulturelles und politisches Lernen in Gruppen*. Schwalbach/Ts. Germany: Wochenschau Verlag.

さて，Thiagi グループの認定ファシリテータの 1 人として，私も Thiagi の基本原則に忠実に，この本を書き終えることにしよう。

すなわち,

【著者紹介】

吉川　肇子（きっかわ　としこ）

慶應義塾大学商学部教授

主著に，『防災ゲームで学ぶリスク・コミュニケーション―クロスロードへの招待』（共著），『クロスロード・ネクスト一続：ゲームで学ぶリスク・コミュニケーション』（共著），『健康リスク・コミュニケーションの手引き』（編著），『リスク・コミュニケーション・トレーニング―ゲーミングによる体験型研修のススメ』（編著），『大学生のリスク・マネジメント』（共編著）（以上ナカニシヤ出版）など。The Thiagi Group 認定ファシリテータ（certificated facilitator）。

Thiagi 紹介

Dr. Sivasailam "Thiagi" Thiagarajan。インド出身。米国にわたり，The Thiagi Group を創立して，代表者となる。ゲームデザイナーとして多数のゲームを製作するかたわら，それらを使った訓練プログラムやワークショップを世界中で実施している。Thiagi グループのミッションは，人びとの業績が楽しく上がるように支援していくことである。大学で授業を持つほか，北米シミュレーション＆ゲーミング学会（NASAGA）会長なども歴任。本書では第1部第2章を執筆。

ゲームと対話で学ぼう

Thiagi メソッド

2018 年 10 月 20 日　初版第 1 刷発行　（定価はカヴァーに表示してあります）

　　　　著　者　吉川肇子
　　　　　　　　Sivasailam Thiagarajan
　　　　発行者　中西　良
　　　　発行所　株式会社ナカニシヤ出版
　　　　〒606-8161　京都市左京区一乗寺木ノ本町 15 番地
　　　　　　　　　　Telephone　　075-723-0111
　　　　　　　　　　Facsimile　　075-723-0095
　　　　Website　　http://www.nakanishiya.co.jp/
　　　　E-mail　　iihon-ippai@nakanishiya.co.jp
　　　　　　　　　　郵便振替　01030-0-13128

装幀＝白沢　正／本文挿絵＝渡邊摩子／印刷・製本＝ファインワークス
Copyright © 2018 by T. Kikkawa & S. Thiagarajan
Printed in Japan.
ISBN978-4-7795-1290-2

◎本書のコピー，スキャン，デジタル化等の無断複製は著作権法上での例外を除き禁じられています。本書を代行業者等の第三者に依頼してスキャンやデジタル化することはたとえ個人や家庭内の利用であっても著作権法上認められておりません。